Feitiços, Magias e Mirongas

EVANDRO MENDONÇA

Feitiços, Magias e Mirongas

© 2019, Editora Anúbis

Revisão:
Rosemarie Giudilli

Projeto gráfico e capa:
Edinei Gonçalves

Apoio cultural:
Rádio Sensorial FM web
www.sensorialfm.com.br

Dados Internacionais de Catalogação na Publicação (CIP)
Agência Brasileira do ISBN - Bibliotecária Priscila Pena Machado CRB-7/6971

```
M539   Mendonça, Evandro.
          Feitiços, magias e mirongas / Evandro Mendonça. —
       São Paulo : Anubis, 2019.
          192 p. ; 23 cm.

          ISBN 978-85-67855-64-6

          1. Umbanda. 2. Religião afro-brasileira. 3. Feitiços.
       4. Magia. I. Título.

                                                    CDD 299.672
```

São Paulo/SP – República Federativa do Brasil
Printed in Brazil – Impresso no Brasil

Este livro segue as novas regras do Acordo Ortográfico da Língua Portuguesa.

Os direitos de reprodução desta obra pertencem à Editora Anúbis. Portanto, não é permitida a reprodução total ou parcial desta obra, de qualquer forma ou por qualquer meio eletrônico, mecânico, inclusive por meio de processos xerográficos, incluindo ainda o uso da internet, sem a permissão expressa por escrito da Editora (Lei nº 9.610, de 19.2.98).

Distribuição exclusiva
Aquaroli Books
Rua Curupá, 801 – Vila Formosa – São Paulo/SP
CEP 03355-010 – Tel.: (11) 2673-3599
atendimento@aquarolibooks.com.br

Dedicatória

Dedico essa Obra especialmente e com muito carinho a minha primeira filha de Santo Janice de Oxum que me acompanha até hoje desde meus primeiros passos, onde esperou eu me aprontar para ser a minha primeira filha de santo.

Uma filha que é um exemplo de fé até para mim. Sem falar na amiga, companheira, parceira, guerreira e dedicação à religião e também a mim.

A esta filha eu presto as minhas mais sinceras homenagens do fundo do meu coração para com ela.

Obrigado filha por ser minha filha.

Ponto de Oxalá

Oxalá meu Pai
tem pena de nós tem dó
se a volta do mundo é grande
seus poderes são bem maior.

Sumário

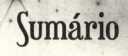

Prefácio	11
Palavras do Autor	13
Introdução	17
Feitiço para Fartura em Casa	22
Feitiço de Quartinha para Saúde	23
Feitiço para Emprego	25
Feitiço para Limpeza da Casa	27
Feitiço para Energizar a Casa	29
Feitiço para Atrair a Felicidade	32
Feitiço para Vencer Uma Demanda (1)	33
Feitiço para Vencer Uma Demanda (2)	35
Feitiço para Trazer Ânimo, Fé e Esperança	36
Feitiço para Firmar na Vida	37
Feitiço para Qualquer Tipo de Doenças	38
Feitiço para União	40
Feitiço para Saúde	41
Feitiço para Ser Lembrado	42
Feitiço para o Progresso na Vida	44
Feitiço para Arrumar Emprego	45
Feitiço Contra Fluidos Negativos	47
Feitiço para o Amor	48
Feitiço para Arrumar Namorado	49
Feitiço para Fazer um Pedido	50
Feitiço para se Livrar de um Problema	52

Feitiço para Fartura (1). 53

Feitiço para Fartura (2). 55

Feitiço para Fartura (3). 56

Feitiço para Pedir Justiça. 58

Feitiço para Vencer um Processo Judicial 59

Feitiço para Vencer uma Demanda 60

Feitiço para Fazer um Pedido (1) 61

Feitiço para Fazer um Pedido (2) 63

Feitiço para Fazer um Pedido (3) 64

Feitiço para Fazer um Pedido (4) 65

Feitiço para Fazer um Pedido (5) 66

Feitiço para Fazer um Pedido (6) 68

Feitiço para Fazer um Pedido (7) 69

Feitiço para Fazer um Pedido (8) 70

Feitiço para Fazer um Pedido (9) 71

Feitiço para Fazer um Pedido (10) 73

Feitiço para Fazer um Pedido (11) 74

Feitiço para Fazer um Pedido (12) 75

Feitiço para Fazer um Pedido (13) 77

Feitiço para Saúde (1) 78

Feitiço para Saúde (2) 80

Feitiço para Saúde (3) 81

Feitiço para Saúde (4) 83

Feitiço para Fazer um Pedido a Jurema. 85

Feitiço para Fazer um Pedido a Oxum 86

Feitiço para Fazer um Pedido a Oxalá 87

Feitiço para Fazer um Pedido a Iemanjá 88

Feitiço para Fazer um Pedido a Iansã. 89

Feitiço para Arrumar Emprego com Xangô 91

Feitiço para Acalmar uma Pessoa com Iemanjá 92

Feitiço para Encontrar um Amor 93

Feitiço para Sua Vida Andar (1). 94

Feitiço para Sua Vida Andar (2). 96

Feitiço para Ter Sorte. 97

Feitiço para Encantar uma Pessoa. 98

Feitiço para Trazer a Pessoa de Volta 100

Feitiço para Afastar Espíritos do Corpo da Pessoa (1) 102

Feitiço para Afastar Espíritos do Corpo da Pessoa (2) 103

Feitiço para Adoçar a Pessoa (1) 104

Feitiço para Adoçar a Pessoa (2) 105

Feitiço para Prender a Pessoa Amada (1) 107

Feitiço para Prender a Pessoa Amada (2) 108

Feitiço para Prender a Pessoa Amada (3) 110

Feitiço para Prender a Pessoa Amada (4) 111

Feitiço para Arranjar um Amor 113

Feitiço para Noivar 115

Feitiço para Casar (1). 116

Feitiço para Casar (2). 118

Feitiço para Ganhar Dinheiro 119

Feitiço para União 120

Feitiço de Misericórdia. 122

Feitiço para Arrumar Trabalho (1) 123

Feitiço para Arrumar Trabalho (2) 124

Feitiço para Vencer um Obstáculo 126

Feitiço para Cortar o Olho Grande 128

Feitiço para Engravidar. 129

Feitiço com Pano de Cabeça ou Toalha de Batismo. 130

Feitiço Feito com o Alá Branco 132

Feitiço para Abrir Caminhos 136

Feitiço para Atrair Sorte 137

Feitiço para Manter seu Amor. 138

Feitiço para Amarração 139

Feitiço para União 141

Feitiço para Acalmar uma Pessoa 142

Feitiço para Atrair Dinheiro (1). 143

Feitiço para Atrair Dinheiro (2). 144

Feitiço para Vencer um Obstáculo 146

Feitiço para Melhoria Financeira (1) 147

Feitiço para Melhoria Financeira (2) 148
Feitiço para Melhoria Financeira (3) 149
Feitiço para Ter Sorte na Vida 150
Feitiço para Resolver Problemas Difíceis 151
Feitiço para Atrair Coisas Boas (1) 153
Feitiço para Atrair Coisas Boas (2) 154
Feitiço para Atrair Emprego 155
Feitiço para Encontrar um Amor 156
Feitiços com Perfume para Borrifar a Casa ou Comércio 158
Feitiço para Atrair Riqueza e Afastar o Mal 158
Feitiço para Atrair Coisas Boas 159
Feitiço para Fazer um Pedido (1) 162
Feitiço para Fazer um Pedido (2) 163
Feitiço para Fazer um Pedido (3) 164
Feitiço para Fazer um Pedido (4) 165
Feitiço para Afastar um Inimigo 166
Feitiço para Abrir Caminhos 167
Feitiço Contra o Olho 169
Feitiço para Afastar o Inimigo 170
Feitiço para Vencer uma Demanda 171
Feitiço para o Amor 172
Feitiço para Atrair Dinheiro 173
Feitiço para Fartura 175
Feitiço de Abafamento 176
Feitiço Contra Inimigos 178
Recomendações Finais 181

Prefácio

Receber o convite para fazer o prefácio do livro FEITIÇOS DE UMBANDA, do Babalorixá e escritor Pai Evandro de Xangô, deixou-me muito honrada e emocionada, mas também apreensiva e preocupada a respeito do que escrever e quais palavras usar para que coubesse a grandiosidade da obra depois de terem sido lidos e apreciados, com com muita calma, os detalhes minuciosos e ricos em relação à explicação de cada feitiço nela exposto.

Inicialmente, gostaria de dizer que nós, Pai Evandro e eu, temos uma caminhada juntos desde nosso nascimento aqui na Terra. Além da ligação espiritual que tenho como uma das primeiras filha de santo dele, também tenho uma ligação sanguínea e, assim como ele, meus primos e eu fomos, ainda na infância, guiados aos terreiros de Umbanda pelas mãos de nossa tia (mãe de Pai Evandro) que nos levava para receber a proteção dos Caboclos, Pretos Velhos e Cosmes.

Assim, crescemos amando e respeitando a nossa querida Umbanda e, influenciados por ela e por nossos protetores e guias espirituais, permanecemos até hoje vivenciando seus princípios, ensinamentos e fundamentos.

Posso dizer que acompanhei toda a trajetória de vida desse Babalorixá e escritor e tenho muito orgulho de ver seu crescimento espiritual e toda a bagagem de conhecimentos que ele possui, a qual nos transmite através dos seus ensinamentos, de suas conversas, trabalhos e atualmente através de seus livros.

Conhecimento este que ele decidiu dividir, não somente conosco, seus Filhos de Santo, mas com todos aqueles que tenham interesse em conhecer um pouco mais sobre a nossa querida Umbanda, seus Caboclos, Pretos Velhos, Cosmes, Pombas Giras, Exus e Orixás, deixando escrito para a posteridade o conhecimento de uma religião que é amor, luz, lei, sabedoria e união.

São conhecimentos que vêm de tempos e não podem se perder, devendo ser transmitidos ao maior número de pessoas possível, para que as gerações futuras conheçam e saibam quão bela, pura, divina e maravilhosa é nossa querida Umbanda.

Após estas palavras iniciais vou falar um pouco sobre FEITIÇOS DE UMBANDA.

Mas o que significa Feitiço? Significa fazer algo com ingredientes e orações para que um desejo, meta ou objetivo, seja alcançado.

O Feitiço fortalece nossa concentração naquilo que desejamos, visto que feitiços são concentradores de energias dos diversos pontos de força da natureza.

Essas energias poderosas são emanadas a nosso favor, ou daqueles que desejamos que alcancem um determinado propósito. Por isso, a utilização de ingredientes como velas, cigarros, comidas, bebidas, flores, orações, pontos cantados e riscados e muitos outros objetos ritualísticos.

Assim, FEITIÇOS DE UMBANDA, do mesmo modo os demais livros do médium, Babalorixá e escritor Evandro Mendonça e seus mentores espirituais, têm por finalidade ligar o homem ao mundo espiritual.

Dessa forma, aqueles que ainda cultuam uma Umbanda Antiga, pura de raiz e fundamentos, vão poder usufruir de ensinamentos passados de forma simples e bem explicados, que proporcionam um fácil entendimento ao leitor.

Cada feitiço aqui apresentado é de poder incalculável através do qual o leitor, ao mentalizar seu propósito com fé, poderá alcançar o objetivo desejado.

O leitor encontrará nessa obra feitiços que poderá realizar para os mais variados e diversos fins, bem como lindos pontos cantados para serem entoados, ou mentalizados no momento em que estiver arriando seu feitiço.

A referida obra dará ao leitor a oportunidade maravilhosa de ter em mãos o conhecimento de fundamentos que irão ajudá-lo na realização de muitos rituais que hoje já estão até esquecidos, e não praticados mais em muitos terreiros de Umbanda, mas que possuem eficácia poderosa.

Em conclusão, desejo que essa obra possa atender a seu objetivo, auxiliando-o na busca do amparo espiritual em sua vida cotidiana.

Paz e Luz a todos meus Irmãos!

Roselaine Doyle (Roselaine de Iemanjá)
Rosário do Sul, verão de 2016

Palavras do Autor

Mais uma obra que apresento a vocês, meus leitores, com muito orgulho e satisfação do dever comprido. Espero que seja do agrado de todos e que possam usufruir de todos os feitiços de Umbanda contidos nessa obra.

São feitiços simples mais de muita eficácia, e muitos deles hoje nem praticados mais na maioria dos terreiros são.

Mas, para aqueles que ainda cultuam uma Umbanda antiga de amor, fé, raiz e fundamento, tenho certeza de que se identificarão com essa obra e seus feitiços. Lembrando que esta obra é quase um segmento do meu primeiro e mais vendido livro: *Umbanda – Defumações, Banhos, Rituais, Trabalhos e Oferendas*.

A obra é também bastante repetitiva em relação às palavras, de modo que vocês, meus leitores, possa entender bem antes de fazer qualquer tipo de feitiço aqui ensinado.

Por isso, o que eu poderia dizer em uma palavra, como sempre vou dizer em duas ou três, usando de um linguajar o mais simples possível, para que possa ser compreendido pelo mais leigo no assunto.

Nas páginas seguintes, vocês encontrarão vários feitiços com o propósito de ajudar a cada um à medida do possível e do merecimento de cada um.

Feitiços que podem ser praticados por qualquer pessoa seja ela pai de santo, mãe de santo, babalorixá, ialorixá, cacique, chefe de terreiro, médium ou até mesmo leigo no assunto que esteja com o intuito de ajudar, somar, mas nunca diminuir. Claro que para isso os conteúdos dos feitiços terão de ser muito bem lidos, várias vezes, para que sejam feitos respeitando-se as regras, e só assim se alcançará um resultado positivo.

Muitos dos feitiços aqui expostos e citados nessa obra são diferentes de muitos praticados em diferentes Estados, o que não impede que sejam adaptados de acordo com casa religiosa, raiz ou até mesmo ao fundamento religioso.

A nossa Umbanda precisa somar, não diminuir. Por isso, que tudo que aprendo no dia a dia com pessoas, clientes, amigos de religião, filhos de santo e até mesmo com as minhas Entidades, divido tudo com meus irmãos de religião e iniciantes no assunto que querem e fazem uma Umbanda com amor e respeito, e principalmente sem invenções e coisas mirabolantes.

Sem pretensão alguma, além de querer ajudar meus irmãos Umbandistas, principalmente os iniciantes, resolvi escrever mais essa obra com vários feitiços de Umbanda que hoje pouco se pratica e se ensina dentro dos terreiros de Umbanda.

Sem inventividade alguma, resolvemos expor nessa obra todo o processo, do inicio ao fim, para realizar, fazer e concluir certos feitiços de Umbanda com bastante firmeza, segurança e realidade desses rituais, para que tenham êxito.

São feitiços com custo baixo de se fazer e não há necessidade de congal, altar ou assentamentos para serem feitos, podendo ser realizados diretamente no ponto de força das Entidades: mata, praia, mar, estrada, cachoeira, rio, cascata etc.

Também não se esqueçam de que o resultado do feitiço ou ritual depende muito do sacrifício, fé e merecimento de cada um.

Por isso, antes de qualquer feitiço ou ritual, é sempre bom refletir bastante sobre sua conduta, vida, seu modo de viver e agir perante seus irmãos.

Depois, é preciso fazer uma reforma íntima que com certeza o ajudará muito no seu objetivo desejado.

Se você pertence a um terreiro, casa de religião ou tem pai ou mãe de santo, Babalorixá ou ialorixá, seguramente, para que não haja choque entre um fundamento e outro, você deve antes de realizar qualquer feitiço ou ritual dessa obra, conversar e mostrar para essa pessoa responsável pela sua vida espiritual.

Encerro essas palavras com a certeza do dever cumprido com a minha religião e a esses grandes Orixás, Entidades, Caboclos, Guias, e Protetores de Umbanda, pedindo e rogando que cada vez me deem mais saúde, força, iluminação, inspiração e vontade de escrever e repassar aos meus irmãos tudo aquilo que for do desejo da nossa querida Umbanda e sua Linha de Esquerda.

Os seus pensamentos fazem o que você é
por isso o bom pensamento é a melhor coisa que existe.
E nunca deixe de fazer o bem a quem os mereça
estando em suas mãos a capacidade e decisão de fazê-lo
Melhor são os seus frutos do que o ouro
do que o ouro refinado
e os seus ganhos mais do que a prata escolhida.

Um fraternal abraço com muito Axé a todos meus irmãos em espírito.

Introdução

Esses feitiços de Umbanda, expostos nessa obra, são feitos modelos que vocês podem usar no seu dia a dia dentro da religião de Umbanda, podendo com o seu conhecimento ou com o conhecimento da pessoa responsável pela sua vida espiritual mudar, alterar, tirar ou acrescentar algum item a mais, sem problema algum.

Alguns desses feitiços já fazem parte da rotina de vocês, não, mas o importante é que todos esses feitiços são de uma eficácia excelente, e vocês podem executá-los com bastante confiança.

Isso tudo será explicado no decorrer da obra, algumas vezes de forma bem repetida, para evitar qualquer risco e para que vocês possam assimilar e entender bem os conteúdos dos feitiços e as instruções de suas práticas.

Alguns desses pontos importantes são:

- Todas os feitiços, sejam bandejas, alguidar, velas, charutos, palheiros, podem ser passados no corpo da pessoa a quem for direcionado o feitiço, caso seja um feitiço bom e com a presença da pessoa na frente; caso contrário, coloque nome com endereço completos, com exceção de algumas que serão marcadas e das bebidas de álcool, caso a pessoa seja feita na Nação Africana, com axorô (sangue), que não deve passar bebidas alcoólicas no corpo em respeito ao Orixá. Se a pessoa for só Umbandista não tem problema.

- Se tiver inimigos ou desconfiar que alguém esteja lhe fazendo algo tipo feitiços com a finalidade de lhe prejudicar, querendo, não obrigatoriamente, você pode colocar o nome do mesmo em qualquer um dos feitiços independentemente da sua finalidade. Isso também servirá como uma espécie de segurança contra essa pessoa.

- Os pontos cantados são apenas sugestões, você pode mudá-los conforme a Entidade a quem você direcionar o feitiço.

- Quando o feitiço for realizado diretamente no ponto de força da Entidade. Ex.: mato, encruzilhada, praia, mar etc. as garrafas, copos, taças, alguidar e outros materiais que você usar no ritual, que possam danificar a natureza, devem ser recolhidos dois ou três dias após a realização do feitiço para que sejam reutilizados, sem problema algum. Se for feito no seu altar cigano ou congal de Umbanda, quando for despachar, após velar, recolha esses materiais de volta para dar um melhor fim.

- Esses feitiços não são exclusivos para apenas uma finalidade (títulos), uma vez que você pode usá-los para outros assuntos, sem problema algum.

- Quando o feitiço for realizado diretamente no ponto de força da Entidade, mata, praia etc. você deve levar uma sineta para tocar fazendo uma chamada à Entidade a quem for direcionado o feitiço. Se for feito no seu altar cigano ou congal de Umbanda, faça o mesmo.

- Por motivo de segurança, nunca vá só a um ponto de força à noite para arriar qualquer tipo de feitiço. Leve sempre alguém com você, até mesmo para ajudar no ritual.

- Todos esses feitiços são apenas sugestões, contudo você pode mudar acrescentando ou tirando algo sem problema algum, desde que obedeça às regras citadas na obra e ao fundamento da sua casa de religião.

Repeti alguns títulos para vocês verem que um feitiço pode ser feito de várias formas com o mesmo objetivo.

- Não leve nenhum tipo de feitiço quente nos pontos de força das Entidades, encruzilhada, praia etc. e também não arrie no seu altar cigano ou congal de Umbanda nada quente.

- Sempre que você fizer um feitiço no cemitério, não se esqueça de se descarregar bem quando chegar em casa.

- Caso você faça um determinado feitiço, mas não consiga algum item, pode fazer sem o mesmo ou substituí-lo por outro similar do seu conhecimento.

TENHA FÉ SEMPRE!
Acredite com muita fé naquilo que você acredita!
Não se deixe levar por nada nesse mundo!
E não vá nunca contra seus princípios!
Com fé você vai longe e consegue mover montanhas!
Mais pra isso, sua fé tem que ser algo inabalável!

Axé!

FEITIÇOS DE UMBANDA

Feitiço para Fartura em Casa

Material necessário

- Arroz
- Açúcar
- Massa
- Pão
- Feijão
- Café
- Bolacha
- Batata
- Erva de chimarrão
- Óleo de cozinha
- Cebola
- Abóbora
- Tomate
- Ovos
- Farinha de trigo
- Farinha de milho
- Farinha de mandioca
- 14 balas de mel
- Uma vela comum branca
- Um imã
- Mel
- Uma pá
- 14 moedas quaisquer com ou sem valor
- Folhas de mamoneiros ou duas folhas de papel de seda branco
- Perfume que pode ser de seu uso

Modo de fazer

Esse ritual é fácil de ser feito e muito bom para que na sua casa não falte nunca a fartura.

Os alimentos citados no material necessário são apenas algumas sugestões, você pode acrescentar ou retirar itens, sem problema algum.

O ritual significa enterrar no seu pátio, ou seja, plantar um pouco de tudo que a boca come, portanto fique à vontade no que diz respeito ao material necessário para acrescentar ou tirar algo. Só não use temperos fortes: pimentas, sal e carnes cruas etc.

Faça no seu pátio, num lugar discreto, podendo ser na frente, no meio ou no fundo do pátio, um buraco de tamanho médio.

Forre o buraco com as folhas de mamoneiros ou com uma folha de papel de seda e coloque dentro um pouco de todos os alimentos que você vai usar no ritual. Não precisa ser muito, um pouquinho de cada é o suficiente, o que vale não é a quantidade, mas sim a ciência.

Por cima dos alimentos, no meio coloque o imã.

Jogue as balas descascadas e as moedas espalhadas por cima de tudo, cuide para que alguma moeda caia no imã. Coloque um pouco de mel por cima de tudo.

Faça o mesmo com o perfume.

Após, tape com as folhas de mamoneiros ou com a folha de papel de seda e termine de tapar com a terra.

Se tiver cachorro em casa, procure deixar algo em cima do local, tipo uma lata, tábua para evitar que o cachorro cave e desenterre o ritual.

Deixe a vela acesa em cima do local, e está encerrado o ritual.

Faça tudo isso com o pensamento positivo, com bastante fé e fazendo os pedidos a todas Entidades de Umbanda principalmente em relação à fartura, que nunca falte em sua casa.

Obs.: Esse ritual pode ser feito tanto na Umbanda quanto na Quimbanda.

Se for feito na Umbanda você fará com as Entidades de Umbanda, chamando todas que você souber na hora de fazer o ritual, e fazendo o pedido em relação à fartura.

Ser for feito na Quimbanda você fará com as Entidades de Quimbanda, chamando todas que você souber na hora de fazer o ritual, e fazendo o pedido em relação à fartura.

Deve ser renovado pelo menos uma vez por ano, ou se preferir, de sete em sete meses.

O dia ideal para fazer o ritual na Umbanda é domingo. Na Quimbanda, segunda-feira. E não faça na lua minguante, nem com chuva.

Depois de queimar a vela não se acende mais, somente quando for renovar.

Feitiço de Quartinha para Saúde

Material necessário

- 1 quartinha branca média
- 300 gramas de canjica branca
- Mel
- Ervas para mieró (amaci)
- Esparadrapo
- Nome e endereço completos da pessoa
- 7 velas brancas comuns
- 1 erva para o banho de descarga
- 1 pomba branca (opcional)

Modo de fazer

Rale a erva e faça um mieró.

Lave a quartinha bem lavada no mieró, deixando um ou dois dias de molho no congal.

Cozinhe a canjica e escorra bem num escorredor de massa ou de arroz deixando os grãos bem sequinhos.

Pegue a quartinha já lavada e seca, coloque o papel com o nome dentro, encha bem com a canjica deixando um espaço para completar com mel.

O restante da canjica pode ser colocado numa bandeja com mel como oferenda.

Leve tudo para frente do congal, passe muito bem a quartinha aberta no corpo da pessoa pedindo a Oxalá bastante saúde.

Depois as sete velas juntas e apagadas, após passe uma vela só acesa, sempre fazendo o pedido e coloque no castiçal ao lado da quartinha e por último passe muito bem passado o pombo, se for o caso, no corpo da pessoa, dirija-se até a porta e solte-o vivo na mesma hora, oferecendo-o a Oxalá.

Depois, tampe a quartinha e lacre com o esparadrapo, e passe novamente no corpo da pessoa, agora lacrada, e arrie ao lado da vela acesa.

Bata sineta e peça a Oxalá bastante saúde para pessoa.

As outras velas devem ser acesas na sequência uma da outra, podendo ser uma por dia, ou se preferir, acenda uma atrás da outra e depois acenda uma de sete dias da mesma cor.

Feito isso, a pessoa pode ir para casa cuidando-se o máximo que puder durante os próximos três dias.

Sete dias depois a quartinha pode ser recolhida para um canto ou prateleira do congal. Ou, se preferir, a pessoa dona da segurança pode levar para casa e ela mesma cuidar, colocando-a num lugar seguro, de onde não caia e quebre, onde não pegue sol, calor ou água.

Essa segurança tem uma duração de dois anos no Máximo e deve ser renovada depois desse prazo.

Querendo, para fortalecer ainda mais o ritual, na hora cante ou recite um ponto de Oxalá.

Obs.: Um pouco antes de fazer o trabalho, a pessoa que vai ser beneficiada com a segurança e quem vai realizar deve tomar um banho de descarga e na hora não estar vestindo roupa preta.

Essa segurança também pode ser feita na beira d'água, deixando a bandeja, as sete velas acesas, e soltando o pombo vivo, mas a quartinha você deve lacrar e levar para casa, o resto segue tudo igual.

Essa mesma segurança pode ser feita com Iemanjá e também com Oxum, trocando apenas as velas e a canjica branca por amarelas, no caso se for para Oxum, e direcionando o pedido a Oxum.

Procure fazer com um pombo bem esperto para que o mesmo, após ser solto, possa sair voando para longe.

Caso solte e ele permaneça por perto alguns dias deixe-o, esqueça o pombo.

Querendo, pode fazer sem pombo, sem problema algum.

E na renovação, abra a quartinha, desmanche tudo, lave-a bem e essa poderá ser usada novamente.

Feitiço para Emprego

Material necessário

- Duas batatas-inglesas médias ou grandes
- Duas ameixas secas pretas
- Uma vela comum branca
- Mel
- Uma caixa de fósforos
- Uma folha de mamoneiro grande ou um pedaço pequeno de papel de seda branco

Modo de fazer

Cozinhe as batatas-inglesas. Ainda quentes, descasque-as e amasse com uma colher formando um purê. Depois, com as mãos forme (molde) dois apetés em forma de olhos, e crave no meio de cada uma ameixa seca, completando assim os olhos. Pinte esses olhos com mel usando o dedo como pincel.

Coloque os olhos em cima de uma folha de mamoneiro ou papel de seda, um do lado do outro na mesma posição que são os olhos de uma pessoa.

Faça tudo com o pensamento positivo, com fé e fazendo seu pedido à Entidade ou Caboclo que você escolheu para o ritual.

Leve esses olhos com a vela e a caixa de fósforos para o local que você escolheu para o ritual: mata, praia etc.

Chegando ao local, peça licença, escolha um lugar limpo e aproxime esses olhos dos seus olhos, saudando e chamando pela Entidade ou Caboclo escolhido e fazendo o seu pedido desejado, que pode ser para si como para outra pessoa a quem queira ajudar.

Após, arrie os olhos no chão.

Acenda a vela ao lado e deixe a caixa de fósforos semiaberta com a cabeças dos palitos para fora.

Reforce o pedido e saia dando alguns passos para trás de frente para o ritual, ou seja, sem virar as costas de imediato para o ritual.

Ao chegar em casa, se possível, ou no outro dia faça um banho de ervas com mel e bastante perfume.

Querendo, para fortalecer ainda mais o ritual, na hora cante ou recite um ponto da Entidade que você escolheu para o ritual.

Obs.: Esse ritual pode ser feito a qualquer Entidade ou Caboclo, inclusive para o seu, cuidando sempre da cor da vela e do papel, se for o caso, conforme a Entidade ou Caboclo escolhido para o ritual.

Esse ritual serve também para pessoas que querem ser vistas, lembradas, achadas, procuradas e para que consiga emprego.

Se você possui congal em sua casa pode ser feito no mesmo, após queimar a vela comum, acenda uma de sete dias da mesma cor e após sete dias despache num local adequado conforme a Entidade ou Caboclo escolhido sem ritual algum, pois o mesmo já foi velado e está velho, ou enterre no seu pátio sem problema algum.

Se os olhos forem para outra pessoa, dê para ela aproximá-los dos olhos dela e fazer o pedido.

Querendo, pode colocar papéis pequenos com os pedidos escritos embaixo dos olhos, discretamente.

Esse ritual não pode ser feito a Oxalá, Oxum e Iemanjá com batatas-inglesas, mas sim com canjicas. Faça tudo igual com a canjica cozida e amassada, porém direcione a Oxalá, Oxum ou Iemanjá e leve para o local adequado a essas Entidades, ou seja, praia, mar.

Feitiço para Limpeza da Casa

Material necessário

- Sete velas comuns brancas
- Sete copos de vidro que pode ser de uso de casa
- Um pouco de cerveja branca
- Um pouco de vinho tinto doce
- Um pouco de mel
- Sal grosso de churrasco sem tempero
- Um perfume que pode ser de seu uso
- Uma caixa de fósforos

Modo de fazer

À noite, pegue três copos e coloque um pouco de sal grosso, abaixo um pouquinho do meio do copo.

Após, coloque um pouco de cerveja, não precisa encher até a boca do copo, e mexa bem para misturar os conteúdos com algum talher de madeira, não pode ser de metal nem plástico, pode ser uma madeira tipo um palito de picolé, e reserve essa madeira para ser despachado junto.

Pegue os quatros copos restantes e coloque um pouco de mel, abaixo um pouquinho do meio do copo. Após, coloque um pouco de vinho, não precisa encher até a boca do copo, e mexa bem para misturar os conteúdos, com a mesma madeira que você usou nos copos anteriores.

Espalhe no chão da sua casa esses setes copos sem ordem ou local predeterminado dos copos pelas peças de sua casa.

Ex.: um na porta da frente, um na porta dos fundos, um nas portas dos quartos, sala, cozinha, área de serviço, garagem etc. Caso falte peças coloque mais de um copo na mesma peça, caso falte copo, coloque os setes copos nas partes mais importantes da sua casa principalmente nas portas da frente, fundo, quartos etc. Só não coloque no banheiro nem na porta do banheiro.

Acenda uma vela também sem ordem predeterminada ao lado de cada copo, e deixe velar, ou seja, acesas durante 14 minutos marcados no relógio após acender a primeira vela.

Durante esse tempo fiquem todos que estiverem presentes na casa concentrados, com os pensamentos positivos, firmes, pedindo tudo de bom às Entidades e Caboclos de Umbanda, que eles possam descarregar a casa e levar para bem longe toda a carga e energia negativa que possa estar na casa, seja feitiço, olho, inveja, espíritos sem luz etc.

Após passar os 14 minutos, apague as velas sem soprar. Apague com os dedos.

Pegue uma vasilha maior qualquer e vá colocando os conteúdos dos copos dentro dessa vasilha juntamente com cada vela quebrada em sete ou três pedaços cada uma.

Tudo junto na mesma vasilha.

Coloque também dentro da vasilha a madeira que você usou e a caixa de fósforos.

Pegue essa vasilha e despache todo o conteúdo numa encruzilhada, rua, praia, mato ou local afastado de sua casa que seja de terra.

Chegando em casa, esborrife um pouco de perfume em cada local que estava cada copo, pois ali foi aberto um portal e precisa ser fechado, faça isso com perfume.

Se possível, não obrigatoriamente, acenda também um incenso na casa.

Faça todo esse ritual com o pensamento positivo, com fé e fazendo seus pedidos às Entidades e Caboclos de Umbanda.

Nessa noite, não podem beber na casa, e o casal não pode fazer sexo.

Obs.: Esse ritual é direcionado a todas as Entidades e Caboclos de Umbanda.

A vasilha retorna para ser lavada com os copos e podem ser usados novamente em casa ou em outros rituais, sem problema algum.

Além da concentração, caso saiba, pode cantar pontos de Entidades e Caboclos de Umbanda na hora do ritual, ou se preferir, pode fazer uma prece e até mesmo darem as mãos em círculo durante esses 14 minutos.

Não vistam roupas pretas na hora do ritual.

Esse ritual parece ser bem simples, mas posso garantir que é muito forte.

São sete portais de Umbanda que serão abertos, portanto tenha cuidado e firmeza na hora de realizá-lo.

Esse ritual também pode ser feito na sua empresa, comércio ou escritório, podendo colocar todos os copos na mesma peça, se for o caso, sem ordem predeterminada.

Porém, espalhe no local cada um com sua vela, ou coloque em cruz, também sem ordem predeterminada.

Cinco em linha reta vertical e dois em linha reta horizontal, esses dois ao lado do terceiro copo da linha reta vertical, assim formará uma cruz.

Cada um com sua vela ao lado.

Repita, mais ou menos, a cada dois meses esse ritual e você terá sempre sua casa limpa, livre de fluidos e energias negativas etc.

Após dois ou três dias da realização desse ritual de limpeza é muito bom proceder ao ritual de energizar a casa que ensinarei abaixo, para que depois da limpeza você possa reequilibrar novamente os fluidos e as energias positivas dentro da sua casa.

Um dos pontos bom de se cantar na hora ou recitar como prece é o que vou deixar abaixo, mais fica a seu critério cantar outro ponto inclusive o da sua própria Entidade ou Caboclo, ou fazer uma prece.

"Santo Antônio do mundo novo
não deixai os seus filhos sós
ai meu Santo Antônio
desamarre os seus caminhos
ai meu Santo Antônio
ilumine os seus caminhos."

Feitiço para Energizar a Casa

Material necessário

- Sete velas comuns brancas
- Sete copos de vidro que podem ser de uso da casa
- Um pouco de cerveja
- Um pouco de vinho tinto doce
- Um pouco de mel
- Sal grosso de churrasco sem tempero
- Um perfume que pode ser de uso pessoal seu
- Um pouco de álcool
- Uma caixa de fósforos

Modo de fazer

À noite, pegue os copos e coloque dentro dos mesmos e da forma que vou ensinar agora o seguinte.

Um copo com cerveja, um copo com vinho, um copo com água e álcool, mais água do que álcool, não precisa encher até a boca do copo e mexa bem para misturar os conteúdos com algum talher de madeira, não pode ser de metal nem plástico, pode ser uma madeira tipo um palito de picolé, e reserve essa madeira para ser despachado junto; um copo com água e perfume mais água do que perfume, não precisa encher muito e mexa com a mesma madeira; um copo com água e sal, não precisa encher muito e mexa com a mesma madeira; um copo com água e mel, não precisa encher muito e mexa com a mesma madeira; um copo só com água pura, ou seja, sete copos.

Espalhe no chão da sua casa esses setes copos sem ordem predeterminada dos copos pelas peças de sua casa.

Ex.: um na porta da frente, um na porta dos fundos, um nas portas dos quartos, sala, cozinha, área de serviço, garagem etc.

Caso falte peças coloque mais de um copo na mesma peça, caso falte copo, coloque os setes copos nas partes mais importantes da sua casa, principalmente nas portas da frente, fundo, quartos etc. Só não coloque no banheiro nem na porta do banheiro.

Acenda uma vela ao lado de cada copo e deixe velar, ou seja, acesas durante 14 minutos marcados no relógio, após acender a primeira vela.

Durante esse tempo fiquem todos que estiverem presentes na casa concentrados, com o pensamento positivo, firmes, pedindo tudo de bom às Entidades e Caboclos de Umbanda, que eles possam energizar a casa com bastante energias e fluidos positivos, com coisas boas etc.

Após passar os 14 minutos, apague as velas sem soprar, apague com os dedos.

Pegue uma vasilha maior qualquer e vá colocando os conteúdos dos copos dentro dessa vasilha. Tudo junto na mesma vasilha.

Coloque também dentro da vasilha a madeira que você usou para mexer os copos.

Pegue essa vasilha, a caixa de fósforos e as velas e despache tudo no fundo do seu pátio.

Vire o líquido no chão, acenda as sete velas e deixe acesa com a caixa de fósforos ao lado. Ou faça um buraco e enterre tudo, o líquido, a madeira, a caixa de fósforos e as velas inteiras e apagadas.

Ou se não for possível fazer isso no seu pátio, leve para um jardim, praça, canteiro com flores, praia e despache como foi ensinado acima, como se fosse no seu pátio, de preferência deixando as velas acesas.

Chegando em casa, esborrife um pouco de perfume por toda a casa.

Se possível, não obrigatoriamente, acenda também um incenso na casa.

Faça todo esse ritual com o pensamento positivo, com fé e fazendo seus pedidos a todas as Entidades e Caboclos de Umbanda.

Nessa noite não podem beber na casa, e o casal não pode fazer sexo.

Obs.: Esse ritual é direcionado a todas as Entidades e Caboclos de Umbanda.

A vasilha retorna para ser lavada com os copos e podem ser usados novamente em casa ou em outros rituais, sem problema algum.

Além da concentração, caso saiba, pode cantar pontos de Entidades ou Caboclos de Umbanda na hora do ritual, ou se preferir, pode fazer uma prece e até mesmo darem as mãos em círculo durante esses 14 minutos.

Não vistam roupas pretas na hora do ritual.

Esse ritual parece ser bem simples, mas posso garantir que é muito forte, portanto tenha cuidado e firmeza na hora de realizá-lo.

Esse ritual também pode ser feito em sua empresa, comércio ou escritório. Podendo colocar todos os copos na mesma peça se for o caso, sem ordem determinada, porém só espalhe no local cada um com sua vela, ou coloque em cruz, também sem ordem predeterminada cinco em linha reta vertical e dois em linha reta horizontal, esses dois ao lado do terceiro copo da linha reta vertical, assim formará uma cruz. Cada um com sua vela ao lado.

Repita mais ou menos a cada dois meses esse ritual e você terá sempre sua casa energizada com bons fluidos e energias positivas.

Um dos pontos bom de se cantar na hora ou recitar como prece é o que vou deixar abaixo, mais fica a seu critério cantar outro ponto inclusive o da Sua Entidade ou Caboclo ou fazer uma prece.

> *"Ai meu Santo Antônio*
> *Eu vim aqui pedir meu pão*
> *Eu vim aqui pedir a proteção*
> *a Santo Antônio, São Pedro e São João*
> *Mais eu vim aqui pedir a proteção*
> *a Santo Antônio, São Pedro e São João."*

Feitiço para Atrair a Felicidade

Material necessário

- Um litro de mel
- Um litro de leite
- Sete moedas quaisquer com ou sem valor
- Sete cachos de flor de hortênsias ou sete rosas brancas
- Uma caixa de fósforos
- Sete velas comuns brancas ou azuis-claras
- Uma vasilha qualquer podendo ser uma bacia de plástico

Modo de fazer

Na vasilha misture o leite com o mel bem misturado e coloque as moedas dentro.

Pegue essa vasilha, as flores, as velas e a caixa de fósforos e dirija-se ao mar, praia, rio, riacho ou local que tenha água.

Chegando ao local salve todas as Entidades que ali pertencem e arrie o feitiço dessa forma: vire todo o conteúdo da vasilha na beira do mar aonde a água vá de encontro com o mesmo, saudando e chamando por Iemanjá e fazendo seus pedidos. Faça o pedido que quiser.

Pode ser para si como para outra pessoa a quem queira ajudar.

Arrie as flores na areia perto da água, em círculo, e circulando as flores deixando as mesmas por dentro acenda as velas e deixe a caixa de fósforos ao lado semiaberta com a cabeça dos palitos para fora.

Faça tudo isso com bastante fé, confiança e pensamento positivo.

Reforce o pedido a Iemanjá e saia dando alguns passos para trás de frente para o ritual, ou seja, sem virar as costas de imediato para o ritual.

Após chegar em casa, ou no outro dia, se possível, tome um banho de ervas com mel e perfume. Podendo fazer também uma defumação.

Obs.: Esse feitiço é muito bom de ser feito oferecendo a Iemanjá, o que não impede de se fazer a outra Entidade ou Caboclo qualquer que seja de praia, cachoeira ou de local que tenha água, inclusive para o seu, cuidando sempre da cor da vela e das flores conforme a quem você vai direcionar.

Ex.: Oxum – flores amarelas, Iansã – flores vermelhas etc.

Podem ser passadas no corpo da pessoa as flores e as velas antes de arriar.

Querendo, pode colocar sete papéis pequenos escritos com os pedidos, enrolados um em cada flor, discretamente.

Se você tiver congal de Umbanda em sua casa, pode ser feito no mesmo, trocando as velas comuns por uma vela de sete dias da mesma cor.

Deixe a vasilha arriada com as flores ao lado por sete dias, depois despache num dos lugares citados acima ou, se preferir, despache no seu pátio mesmo, sem ritual algum fazendo um buraco e enterrando tudo, pois as flores e o líquido já estão velhos.

Se preferir, para fortalecer ainda mais o feitiço, cante ou recite o ponto abaixo.

"Proteção de nossa Senhora
de nossa mãe Iemanjá!
Calunga, é, é, é, é!
Calunga, á, á, á, á! (Bis)
Brilham as estrelas no céu
brincam os peixinhos no mar!
Calunga, é, é, é, é!
Calunga, á, á, á, á! (Bis)."

Feitiço para Vencer Uma Demanda (1)

Material necessário

- Uma garrafa de cerveja branca
- Uma vela comum três cores juntas: branca, vermelha e verde
- Duas espadas de São Jorge
- Uma caixa de fósforos

Modo de fazer

Pegue todo o material e dirija-se a um mato limpo.

Chegando ao local salve todas as Entidades que ali pertencem e arrie o feitiço dessa forma: coloque as duas espadas cruzadas em forma de X. Na parte de cima e dentro do X coloque a vela acesa deixando a caixa de fósforos ao lado semiaberta com a cabeça dos palitos para fora.

Na parte debaixo e dentro do X coloque a cerveja em pé depois de abrir e virar um pouco no chão em forma de cruz saudando e chamando por Ogum e fazendo seus pedidos. Faça o pedido que quiser. Pode ser para si como para outra pessoa a quem queira ajudar.

Faça tudo isso com bastante fé, confiança e pensamento positivo.

Reforce o pedido a Ogum e saia dando alguns passos para trás de frente para o ritual, ou seja, sem virar as costas de imediato para o ritual.

Após chegar em casa, ou no outro dia, se possível, tome um banho de ervas com mel e perfume. Podendo fazer também uma defumação.

Obs.: Esse ritual é muito bom de ser feito oferecendo a Ogum das matas, Ogum de praia, Ogum beira mar, Ogum sete ondas, Ogum sete encruzilhadas, ou ao Ogum de sua preferência.

Porém, se for fazer para Ogum de praia, faça na praia, se for fazer para Ogum de estrada, faça na estrada etc.; o resto segue igual.

Podem ser passadas no corpo da pessoa a vela e as espadas, ou até mesmo a cerveja se a pessoa não for feita na Nação dos Orixás com Axorô (sangue); não é aconselhável passar no corpo dessas pessoas bebidas alcoólicas em respeito ao Orixá da pessoa.

Querendo, pode colocar um papel pequeno com os pedidos escritos enterrados embaixo do local onde vai ficar a garrafa de cerveja, ou seja, enterrado embaixo da garrafa.

Se você tiver congal de Umbanda em sua casa, pode ser feito no mesmo, trocando a vela comum por uma vela de sete dias da mesma cor; o resto segue igual.

Depois de queimar a vela de sete dias despache numa encruzilhada, praia ou mato conforme o Ogum que você escolheu para o ritual, sem ritual algum, pois o mesmo já está velho e velado. Nesse caso, vire a cerveja, e a garrafa retorna para ser reutilizada.

Se preferir, para fortalecer ainda mais o feitiço, cante ou recite o ponto abaixo.

"Eu tenho sete espadas pra me defender
Eu tenho Ogum em minha Campânia
Mais Ogum é meu Pai
Mais Ogum é meu Guia
Mais Ogum vai baixar
Com a proteção da Virgem Maria."

Feitiço para Vencer Uma Demanda (2)

Material necessário

- Uma garrafa de cerveja branca
- Uma vela comum três cores juntas branca, vermelha e verde
- Um charuto
- Uma caixa de fósforos

Modo de fazer

Pegue todo o material e dirija-se a um mato limpo.

Chegando ao local salve todas as Entidades que ali pertencem e arrie o feitiço dessa forma: coloque a cerveja em pé depois de abrir e virar um pouco no chão em forma de ferradura saudando e chamando por Ogum e fazendo seus pedidos. Faça o pedido que quiser.

Pode ser para si como para outra pessoa a quem queira ajudar.

Deixe a vela acesa ao lado da cerveja.

Acenda o charuto, dê três baforadas para cima fazendo os pedidos e deixe em cima da caixa de fósforos semiaberta com a cabeça dos palitos para fora.

Faça tudo isso com bastante fé, confiança e pensamento positivo.

Reforce o pedido a Ogum e saia dando alguns passos para trás de frente para o ritual, ou seja, sem virar as costas de imediato para o ritual.

Após chegar em casa, ou no outro dia, se possível, tome um banho de ervas com mel e perfume. Podendo fazer também uma defumação.

Obs.: Esse ritual é muito bom de ser feito oferecendo a Ogum de mato, (Ogum das matas) de praia, (Ogum Beira-mar ou sete ondas), de estrada, (Ogum Sete Encruzilhada), ou ao Ogum de sua preferência.

Porém, se for fazer para Ogum de praia, faça na praia, se for fazer para Ogum de estrada, faça na estrada etc.; o resto segue igual.

Podem ser passados no corpo da pessoa a vela e o charuto, ou até mesmo a cerveja se a pessoa não for feita na Nação dos Orixás com Axorô (sangue); não é aconselhável passar no corpo dessas pessoas bebidas alcoólicas em respeito ao Orixá da pessoa.

Querendo, pode colocar um papel pequeno com os pedidos escritos enterrado embaixo do local onde vai ficar a garrafa de cerveja, ou seja, enterrado embaixo da garrafa.

Se você tiver congal de Umbanda em sua casa, pode ser feito no mesmo, trocando a vela comum por uma vela de sete dias da mesma cor; o resto segue igual, e depois de queimar a vela de sete dias despache numa encruzilhada, praia ou mato conforme o Ogum que você escolheu para o ritual, sem ritual algum, pois o mesmo já está velho e velado.

Nesse caso, só a cerveja, vire-a toda no chão, e a garrafa retorna para ser reutilizada.

Se preferir, para fortalecer ainda mais o feitiço, cante ou recite o ponto abaixo.

"Ogum não devia beber
Ogum não devia fumar
A fumaça é a nuvem que passa no céu
E a cerveja a espuma do mar
A fumaça é a nuvem que passa no céu
E a cerveja a espuma do mar."

Feitiço para Trazer Ânimo, Fé e Esperança

Material necessário

- Uma garrafa de vinho branco suave
- Um litro de mel
- Um vidro de perfume
- Uma vela comum branca
- Uma caixa de fósforos

Modo de fazer

Pegue todo o material e dirija-se a um mato limpo com bastante árvores.

Chegando ao local salve todas as Entidades que ali pertencem e arrie o feitiço dessa forma: abra o vinho e espalhe despejando no chão por todas as direções, saudando e chamando pela Entidade ou Caboclo escolhido para o ritual fazendo seus pedidos. Faça o pedido que quiser. Pode ser para si como para outra pessoa a quem queira ajudar.

Faça o mesmo com o mel e o perfume.

Deixe a vela acesa ao lado da caixa de fósforos semiaberta com a cabeça dos palitos para fora.

Faça tudo isso com bastante fé, confiança e pensamento positivo.

Reforce o pedido e saia dando alguns passos para trás de frente para o ritual, ou seja, sem virar as costas de imediato para o ritual.

Após chegar em casa, ou no outro dia, se possível, tome um banho de ervas com mel e perfume. Podendo fazer também uma defumação.

Obs.: Esse ritual é muito bom de ser feito oferecendo ao Caboclo Pena Branca o que não impede de fazer a outra Entidade ou Caboclo qualquer de mato, praia ou rua de sua preferência, inclusive para o seu.

Querendo, pode colocar um papel pequeno com os pedidos escritos enterrado embaixo da vela.

As embalagens do vinho, mel e perfume retornam para dar um melhor fim.

Se preferir, para fortalecer ainda mais o feitiço, cante ou recite um ponto na hora do ritual conforme a Entidade que você escolheu.

Feitiço para Firmar na Vida

Material necessário

- Sete charutos
- Sete caixas de fósforos
- Sete velas comuns brancas
- Mel
- Perfume
- Sete fitas coloridas menos preta, com 77 cm cada uma, pode repetir cores caso não consiga todas

Modo de fazer

Pegue todo o material e dirija-se a um mato limpo.

Chegando ao local salve todas as Entidades que ali pertencem e arrie o feitiço dessa forma: arrie no chão as fitas todas juntas espichadas em linha reta.

De um lado das fitas acenda as sete velas distribuindo em linha reta no mesmo sentido e ao lado das fitas, ou seja, duas nas pontas e as outras cinco distribuídas no meio entre as duas das pontas.

Faça o mesmo com os sete charutos no outro lado das fitas, deixando cada um em cima da caixa de fósforos semiaberta com a cabeça dos palitos para fora, depois dê dar três baforadas para cima fazendo os pedidos.

Vire um pouco de mel por cima das fitas e por último coloque um pouco de perfume por cima das fitas.

Evandro Mendonça

Faça tudo isso com bastante fé, confiança e pensamento positivo, saudando e chamando por todas as Entidades e Caboclos de Umbanda e fazendo seus pedidos. Faça o pedido que quiser. Pode ser para si como para outra pessoa a quem queira ajudar.

Reforce o pedido e saia dando alguns passos para trás de frente para o ritual, ou seja, sem virar as costas de imediato para o ritual.

Após chegar em casa, ou no outro dia, se possível, tome um banho de ervas com mel e perfume. Podendo fazer também uma defumação.

Obs.: Esse ritual é destinado a todas as Entidades e Caboclos de Umbanda e pode ser feito tanto na praia quanto no mato.

Podem ser passados no corpo da pessoa as velas, os charutos e as fitas.

Querendo, pode colocar um papel pequeno com os pedidos escritos enterrado embaixo do local onde vão ficar as fitas, ou seja, enterrado embaixo das fitas.

Se você tiver congal de Umbanda em sua casa, pode ser feito no mesmo, podendo forrar embaixo do ritual com folhas verdes ou tecido branco, por causa do mel que você vai colocar. E não precisa virar muito.

Depois de queimar as velas comuns, acenda uma de sete dias da mesma cor e após sete dias despache num dos locais já citados acima, sem ritual algum, pois o mesmo já está velho e velado.

Se preferir, para fortalecer ainda mais o feitiço, cante ou recite um ponto bem bonito de Umbanda na hora do ritual.

Feitiço para Qualquer Tipo de Doenças

Material necessário

- Farinha de acaçá (maisena)
- Folhas de bananeira, mamoneiro ou papel de seda branco
- Uma bandeja de papelão média
- Uma caixa de algodão
- Uma caixa de fósforos
- Sete velas comuns brancas
- Mel

Modo de fazer

Faça 32 acaçás.

O acaçá é feito da mistura de água e maisena (amido de milho). Leve ao fogo baixo e vá mexendo até ficar bem consistente. Coloque primeiro a água, que vai definir a quantidade de acaçás, vá colocando a maisena e mexendo até engrossar bem.

Deixe esfriar e corte-os em cubos de aproximadamente 8 cm.

Corte 32 tiras folhas de bananeira mais estreitas que os cubos de acaçá, de forma que ao enrolar os acaçás as pontas dos mesmos fiquem aparecendo.

Passe as tiras na água fervendo para amolecer e facilitar para enrolar os acaçás, ou use papel de seda branco.

Forre a bandeja com bastante algodão e distribua os acaçás em cima da mesma.

Regue com mel por cima de todos os acaçás.

Leve todo o material para um local que tenha uma árvore sombria e nova, ou no mar, na praia ou rio.

Chegando ao local salve todas as Entidades que ali pertencem e arrie o feitiço dessa forma: arrie no chão a bandeja com os acaçás. Acenda as velas em círculo, circulando a bandeja não muito próxima para evitar que caiam e pegue fogo na bandeja. Deixe a caixa de fósforos ao lado semiaberta com as cabeças dos palitos para fora.

Faça tudo isso com bastante fé, confiança e pensamento positivo, saudando e chamando por Oxalá e fazendo seus pedidos.

Faça o pedido que quiser. Pode ser para si como para outra pessoa a quem queira ajudar.

Reforce o pedido a Oxalá e saia dando alguns passos para trás de frente para o ritual, ou seja, sem virar as costas de imediato para o ritual.

Após chegar em casa, ou no outro dia, se possível, tome um banho de ervas com mel e perfume. Podendo fazer também uma defumação.

Obs.: Esse ritual é destinado somente a Oxalá.

Podem ser passados no corpo da pessoa as velas e a bandeja.

Querendo, pode colocar sete papéis pequenos dobrados com os pedidos escritos dentro de cada um acaçá.

Se você tiver congal de Umbanda em sua casa, pode ser feito no mesmo, após queimar as velas comuns, acenda uma de sete dias da mesma cor e depois de sete dias despache em um dos locais citados acima, sem ritual algum, pois o mesmo já está velho e velado.

Se preferir, para fortalecer ainda mais o feitiço, cante ou recite um ponto bem bonito de Oxalá na hora do ritual.

Esse feitiço também pode ser feito para a fartura, acrescentando apenas mais 32 moedas quaisquer com ou sem valor, cravadas cada uma num acaçá.

Feitiço para União

Material necessário

- Um mamão
- Uma vela amarela
- Um par de alianças
- 20 cm de fita amarela
- 1 m de fita amarela
- Um papel com os nomes do casal escritos sete vezes intercalado um abaixo do outro.
- Açúcar cristal
- Uma caixa de fósforos

Modo de fazer

Abra um tampo no mamão e retire um pouco do bagaço de dentro aprofundando a cavidade.

Ate as alianças juntas com a fita de 20 cm em forma de tope.

Coloque dentro do mamão o papel com os nomes, as alianças atadas e por cima coloque um pouco do açúcar cristal.

Feche o mamão com o tampo que você tirou do mesmo e enrole a fita de 1 m no mamão terminado de atar em tope as pontas da fita.

Leve todo o material para um local que tenha praia, rio, riacho ou cachoeira.

Chegando ao local salve todas as Entidades que ali pertencem e arrie o feitiço dessa forma: arrie no chão num lugar limpo perto da água o mamão.

Acenda a vela ao lado e deixe a caixa de fósforos semiaberta com as cabeças dos palitos para fora.

Faça tudo isso com bastante fé, confiança e pensamento positivo, saudando e chamando por Oxum e fazendo seus pedidos.

Faça o pedido que quiser. Pode ser para si como para outra pessoa a quem queira ajudar, desde que seja as mesmas do papel com o nome.

Reforce o pedido a Oxum e saia dando alguns passos para trás de frente para o ritual, ou seja, sem virar as costas de imediato para o ritual.

Após chegar em casa, ou no outro dia, se possível, tome um banho de ervas com mel e perfume. Podendo fazer também uma defumação.

Obs.: Esse ritual é destinado somente a Oxum.

Podem ser passados no corpo da pessoa a vela e o mamão.

Se você tiver congal de Umbanda em sua casa, pode ser feito no mesmo, trocando a vela comum por uma de sete dias da mesma cor.

Após queimar a vela de sete dias despache em um dos locais citados acima, sem ritual algum, pois o mesmo já está velho e velado.

Se preferir, para fortalecer ainda mais o feitiço, cante ou recite um ponto bem bonito de Oxum na hora do ritual.

Esse feitiço também pode ser feito para um casal que quer ter filhos, trocando apenas o mamão por um melão ou uma outra fruta doce qualquer que tenha bastante sementes.

Nesse caso, não se tira o bagaço e nem as sementes, faça o feitiço com tudo dentro. E coloque junto dentro do mamão um bico seco de criança amarelo.

Também pode ser feito a Cosme Damião colocando dois bicos secos, um rosa e outro azul, e duas velas comuns da mesma cor dos bicos.

Feitiço para Saúde

Material necessário:

- Canjica branca
- Canjica amarela
- Mel de abelha
- Uma vela branca
- Uma vela azul
- Uma vela amarela
- Uma caixa de fósforos
- Uma bandeja de papelão média
- Uma folha de papel de seda, branca, amarela e azul ou folhas de mamoneiro

Modo de fazer

Cozinhe um pouco das duas canjicas misturadas, sem sal.

Após, escorra bem a água da canjica num escorredor, e reserve essa água numa vasilha qualquer.

Enfeite a bandeja com os papéis de seda ou folhas de mamoneiro e coloque as canjicas.

Regue com o mel de abelhas por cima das canjicas.

Pegue a água da canjica que você separou, acrescente mais um pouco de água e perfume e tome um banho de descarga, depois de ter tomado o banho higiênico, pedindo proteção e saúde a Oxalá, Iemanjá e Oxum.

Esse banho é considerado banho doce.

Pegue a bandeja com a canjica e o restante do material e leve para um mato limpo e arrie debaixo de uma árvore nova, onde não bata sol, ou praia, ou rio.

Deixe as velas acesas ao lado da bandeja não muito próxima para evitar que caia e pegue fogo na bandeja, e a caixa de fósforos semiaberta com a cabeça dos palitos para fora.

Reforce o pedido a Oxalá, Iemanjá e Oxum e saia dando alguns passos para trás de frente para o ritual, ou seja, sem virar as costas de imediato para o ritual.

Se preferir, para fortalecer ainda mais o feitiço, na hora cante ou recite um ponto bem bonito de Oxum, Iemanjá e Oxalá na hora do ritual.

Obs.: A bandeja e as velas devem ser passadas no corpo da pessoa antes da entrega, podendo ser feito isso em casa, ou colocados o nome e endereço completos da pessoa a quem for direcionado o ritual, escrito num papel pequeno e colocado embaixo das canjicas, e na hora da entrega peça para essa pessoa, dizendo o nome dela várias vezes.

Se você tiver congal de Umbanda em casa pode ser feito no mesmo, trocando as velas comuns por velas de sete dias da mesma cor; o resto segue igual, e depois de queimar as velas de sete dias despache num dos locais citados acima sem ritual algum, pois o mesmo já foi velado e está velho ou enterre no seu pátio.

Se for colocar nomes escritos em papéis, coloque na bandeja antes de colocar a canjica para que fique discreto.

Feitiço para Ser Lembrado

Material necessário

- Farinha de mandioca
- Duas ameixas secas pretas
- Uma vela comum branca
- Mel, de preferência duro
- Uma caixa de fósforos
- Uma folha de mamoneiro grande ou um pedaço pequeno de papel de seda branco

Modo de fazer

Pegue mais ou menos 300 gramas de farinha de mandioca, coloque numa vasilha e aos poucos acrescente mel, de preferência mel endurecido. Com as mãos misture até se formar uma massa mais ou menos firme.

Depois, com as mãos forme (molde) dois (apetés) como se fossem dois olhos um pouco maiores que um ovo.

Crave bem no meio de cada um uma ameixa-preta seca para finalizá-los.

Se for preciso, use pedaços de miolo de pão para dar a liga. Seja rápido e coloque no congelador por alguns minutos para firmar, porque a tendência é de que desande.

Depois de pronto e firme, pinte esses olhos com mel usando o dedo como pincel.

Importante: Você pode substituir a farinha de mandioca por farinha de milho média ou grossa, principalmente quando o assunto for dinheiro. O resto segue igual. E tanto os olhos feitos de batatas, ensinado acima, quanto os de farinha trazem ótimos resultados independentemente da finalidade.

Coloque os olhos em cima de uma folha de mamoneiro ou papel de seda, um do lado do outro na mesma posição que são os olhos de uma pessoa.

Faça tudo com o pensamento positivo, com fé e fazendo seu pedido a Entidade ou Caboclo que você escolheu para o ritual.

Leve esses olhos com a vela e a caixa de fósforos para o local que você escolheu para o ritual: mata, praia etc.

Chegando ao local, peça licença, escolha um lugar limpo e aproxime esses olhos dos seus olhos, saudando e chamando pela Entidade ou Caboclo escolhido e fazendo o seu pedido desejado, que pode ser para si como para outra pessoa a quem queira ajudar.

Após, arrie os olhos no chão.

Acenda a vela ao lado e deixe a caixa de fósforos semiaberta com a cabeças dos palitos para fora.

Reforce o pedido e saia dando alguns passos para trás de frente para o ritual, ou seja, sem virar as costas de imediato para o ritual.

Ao chegar em casa, se possível, ou no outro dia faça um banho de ervas com mel e bastante perfume.

Querendo, para fortalecer ainda mais o ritual na hora cante ou recite um ponto da Entidade que você escolheu para o ritual.

Obs.: Esse ritual pode ser feito a qualquer Entidade ou Caboclo, inclusive para o seu, cuidando sempre da cor da vela e do papel, se for o caso, conforme a Entidade ou Caboclo escolhido para o ritual.

Esse ritual serve também para pessoas que querem ser vistas, lembradas, achadas, procuradas e para que consiga emprego.

Se você possui congal em sua casa pode ser feito no mesmo, após queimar a vela comum, acenda uma de sete dias da mesma cor e após sete dias despache num local adequado conforme a Entidade ou Caboclo escolhido sem ritual algum, pois o mesmo já foi velado e está velho, ou enterre no seu pátio, sem problema algum.

Se os olhos forem para outra pessoa, dê para ela aproximá-los dos olhos dela e fazer o pedido.

Querendo, pode colocar papéis pequenos com os pedidos escritos embaixo dos olhos, discretamente.

Esse ritual não pode ser feito a Oxalá, Oxum e Iemanjá com farinhas, mas sim com canjicas. Faça tudo igual com a canjica cozida e amassada, porém, direcione a Oxalá, Oxum ou Iemanjá e leve para o local adequado a essas Entidades, ou seja, praia, mar.

Feitiço para o Progresso na Vida

Material necessário

- Uma vela comum três cores juntas, verde, vermelha e branca
- Uma bandeja de papelão média
- Papel de seda vermelho, verde e branco ou folhas de mamoneiro
- Folhas de alface
- Um tomate
- Uma cebola
- Dois ovos
- Sete moedas quaisquer
- Um pouco de farinha de mandioca
- Uma caixa de fósforos

Modo de fazer

Decore a bandeja com os papéis de seda ou folhas de mamoneiro.

Distribua na bandeja sete folhas de alface, o tomate cortado em sete rodelas, a cebola cortada em rodelas, os ovos cozidos e cortado em sete rodelas e as sete moedas.

Torre numa frigideira ou panela pequena um pouco de farinha de mandioca formando uma farofa torrada.

Após, pulverize essa farofa por cima de tudo. Não faça muita farofa.

Leva a bandeja e o resto do material para uma estrada de subida, e deixe a vela acesa ao lado da bandeja, não muito próxima para evitar que caia e pegue fogo na bandeja, e a caixa de fósforos ao lado semiaberta com a cabeça dos palitos para fora.

Peça a Ogum que assim como Ele é o dono das estradas, que os seus caminhos sejam abertos como as suas veredas.

Reforce o pedido a Ogum e saia dando alguns passos para trás de frente para o ritual, ou seja, sem virar as costas de imediato para o ritual.

Ao chegar em casa ou no outro dia faça um banho de ervas para abrir os caminhos.

Obs.: A bandeja e vela podem ser passadas no corpo da pessoa, ou colocados o nome e endereço completos da pessoa a quem for direcionado o ritual, escritos num papel pequeno e colocado na bandeja embaixo dos ingredientes.

Na hora da entrega peça para essa pessoa, dizendo o nome dela várias vezes.

Se você tiver congal de Umbanda pode ser feito no mesmo, trocando a vela comum por vela de sete dias da mesma cor. O resto segue igual, e depois de queimar a vela de sete dias despache no local citado acima, ou enterre no seu pátio.

Se for colocar nomes escritos em papéis, coloque na bandeja de maneira que fique discreto aos olhos alheios.

Se preferir, para fortalecer ainda mais o feitiço, na hora cante ou recite o ponto abaixo ou escolha um de sua preferência.

"Ogum dono das sete encruzilhadas
Ogum ele é guerreiro de Umbanda
Mais ele mora onde rola a pemba
Ele vem saudar os filhos do Pai Oxalá
Mais ele vem saudar os filhos do Pai Oxalá."

Feitiço para Arrumar Emprego
Material necessário

- Sete diferentes tipos de frutas
- Uma bandeja média ou alguidar
- Papel de seda branco e verde ou folhas de mamoneiro
- Sete velas bicolores verdes e brancas
- Sete moedas quaisquer
- Uma caixa de fósforos

Modo de fazer

Decore a bandeja com os papéis de seda ou folhas de mamoneiro.

Crave uma moeda em cada fruta e coloque as frutas na bandeja.

Faça isso com bastante fé e pensamento positivo no que você deseja conseguir.

Pegue a bandeja e as velas e leve para uma mata.

Chegando ao local escolha um lugar limpo e arrie a bandeja com as velas acesas ao lado, circulando a bandeja não muito próxima para evitar que caia e pegue fogo na mesma, e deixe a caixa de fósforos semiaberta com a cabeça dos palitos para fora.

Reforce o pedido a Oxóssi e saia dando alguns passos para trás de frente para o ritual, ou seja, sem virar as costas de imediato para o ritual.

Ao chegar em casa ou no outro dia faça um banho de ervas para abrir os caminhos.

Obs.: Esse ritual é muito bom de ser feito oferecendo a Oxóssi, o que não impede de se fazer a outro Caboclo qualquer de mata, ou até mesmo para o seu, cuidando sempre da cor das velas e do papel, se for o caso, conforme o Caboclo a quem você for direcionar o ritual.

A bandeja e velas podem ser passadas no corpo da pessoa em casa ou até mesmo no local na hora da entrega, fazendo os pedidos, ou colocado o nome e endereço completos da pessoa a quem for direcionado o ritual, escrito em sete papéis pequenos e colocados dentro de cada fruta de maneira que fique discreto aos olhos alheios.

Nesse caso, na hora da entrega peça para essa pessoa, dizendo o nome dela várias vezes.

Se você tiver congal de Umbanda em casa, pode ser feito no mesmo, trocando as velas comuns por uma vela de sete dias da mesma cor. O resto segue igual, e depois de queimar a vela de sete dias despache numa mata, ou enterre no seu pátio.

Se preferir, para fortalecer ainda mais o feitiço, na hora cante ou recite o ponto abaixo ou um de sua preferência.

"Caboclo roxo da cor morena
Ele é Oxóssi caçador lá de jurema
Ele jurou e ele jurará
Pelos conselhos que jurema veio dá.
Ele jurou e ele jurará
Pelos conselhos que jurema veio dá."

Feitiço Contra Fluidos Negativos

Material necessário

- Canjica branca
- Mel de abelha
- Uma bandeja de papelão média
- Uma caixa de algodão
- Uma essência de camomila, melissa ou laranjeira
- Uma vela comum branca
- Uma caixa de fósforos

Modo de fazer

Forre a bandeja com o algodão.

Cozinhe a canjica com mel e escorra bem a água num escorredor. Reserve essa água numa vasilha qualquer.

Coloque a canjica na bandeja já forrada com o algodão.

Pulverize um pouco de essência por cima.

Faça isso com bastante fé e pensamento positivo no que você deseja.

Pegue a água da canjica reservada. Aumente com mais água e coloque algumas gotas de perfume que pode ser de uso seu, e tome um banho com essa água, depois do banho higiênico.

Pegue a bandeja e a vela e leve para uma praia, rio, cachoeira, cascata, mar ou para uma mata aos pés de uma árvore nova.

Chegando ao local escolha o lugar e arrie a bandeja com a vela acesa ao lado, não muito próxima para evitar que caia e pegue fogo na mesma, e deixe a caixa de fósforos semiaberta com a cabeça dos palitos para fora.

Reforce o pedido a Oxalá e saia dando alguns passos para trás de frente para o ritual, ou seja, sem virar as costas de imediato para o ritual.

Se preferir, para fortalecer ainda mais o feitiço, na hora cante ou recite o ponto de Oxalá.

Obs.: A bandeja e vela podem ser passadas no corpo da pessoa em casa ou até mesmo no local na hora da entrega, fazendo os pedidos, ou colocado o nome e endereço completos da pessoa a quem for direcionado o ritual, escrito num papel e colocado na bandeja de maneira que fique entre a canjica e o algodão, discreto aos olhos alheios.

Nesse caso, na hora da entrega peça para essa pessoa, dizendo o nome dela várias vezes.

Feitiço para o Amor

Material necessário

- Flores amarelas
- Um metro de fita amarela
- Um pente amarelo
- Uma pulseira dourada
- Um espelho amarelo
- Um par de brincos amarelo
- Um vidro de perfume de alfazema ou perfume do amor
- Sete velas comuns amarelas
- Uma caixa de fósforos

Modo de fazer

Leve essas flores com um lindo laço feito com a fita amarela para uma cachoeira, rio, cascata ou praia. Chegando ao local, escolha um lugar limpo e arrie no chão as flores.

Na volta das flores coloque a pulseira, o pente, os brincos, o espelho e pulverize o perfume por cima de tudo.

Acenda as velas circulando tudo e deixe a caixa de fósforos semiaberta com a cabeça dos palitos para fora.

Faça uma prece e peça ajuda a Oxum.

Faça isso com bastante fé e pensamento positivo no que você deseja.

Reforce o pedido a Oxum e saia dando alguns passos para trás de frente para o ritual, ou seja, sem virar as costas de imediato para o ritual.

Ao chegar em casa ou no outro dia tome um banho de ervas com mel e perfume.

Obs.: As flores e o resto do material podem ser passados no corpo da pessoa em casa ou até mesmo no local na hora da entrega, fazendo os pedidos.

Se você já tiver algum pretendente, escreva o nome do mesmo num papel pequeno, dobre bem miudinho e coloque dentro de uma flor discretamente aos olhos alheios.

Nesse caso, na hora da entrega faça seu pedido, repetindo várias vezes o nome dessa pessoa.

Se você tiver congal de Umbanda em casa, pode ser feito no mesmo, trocando as velas comuns por uma vela de sete dias da mesma cor. O resto segue igual, e depois de queimar a vela de sete dias despache num dos locais citados acima sem ritual algum, pois o mesmo já foi velado e está velho, ou enterre no seu pátio.

Se preferir, para fortalecer ainda mais o feitiço, na hora cante ou recite o ponto abaixo ou escolha um de sua preferência.

"Oxum, a mamãe Oxum
Ela é Oxum, ela é Orixá
Em seu barquinho, vem navegar
Em seu barquinho, ela é Orixá."

Feitiço para Arrumar Namorado

Material necessário

- Flores brancas ou um buquê de hortênsias
- Um metro de fita azul-clara
- Um pente azul-claro
- Uma pulseira prateada
- Um espelho azul-claro
- Um par de brincos azuis-claros
- Um vidro de perfume de alfazema ou perfume do amor
- Sete velas comuns azuis-claras
- Uma caixa de fósforos

Modo de fazer

Leve essas flores com um lindo laço feito com a fita azul para o mar ou praia. Chegando ao local, escolha um lugar limpo e arrie as flores. Na volta das flores coloque a pulseira, o pente, os brincos, o espelho e pulverize o perfume por cima de tudo.

Acenda as velas circulando tudo e deixe a caixa de fósforos semiaberta com a cabeça dos palitos para fora.

Faça uma prece e peça ajuda a Iemanjá.

"Minha doce Iemanjá, como foste a mais linda das noivas, peço que me ajude a encontrar um namorado e que eu seja muito feliz."

Faça isso com bastante fé e pensamento positivo no que você deseja.

Reforce o pedido a Iemanjá e saia dando alguns passos para trás de frente para o ritual, ou seja, sem virar as costas de imediato para o ritual.

Ao chegar em casa ou no outro dia tome um banho de ervas com mel e perfume.

Obs.: As flores e o resto do material podem ser passados no corpo da pessoa em casa ou até mesmo no local na hora da entrega, fazendo os pedidos.

Se você já tiver algum pretendente, escreva o nome do mesmo num papel pequeno, dobre bem miudinho e coloque dentro de uma flor discretamente aos olhos alheios.

Nesse caso, na hora da entrega faça seu pedido, repetindo várias vezes o nome dessa pessoa.

Se você tiver congal de Umbanda em casa, pode ser feito no mesmo, trocando as velas comuns por uma vela de sete dias da mesma cor. O resto segue igual, e depois de queimar a vela de sete dias despache num dos locais citados acima sem ritual algum, pois o mesmo já foi velado e está velho, ou enterre no seu pátio.

Se preferir, para fortalecer ainda mais o feitiço, na hora cante ou recite o ponto abaixo ou escolha um de sua preferência.

"O Iemanjá nossa mãe Iemanjá
O Iemanjá venha trabalhar
O Iemanjá
Sentada na canoa passarinho voa
Mais quem manda lá no mar
É iemanjá
E a rainha lá do mar
É iemanjá."

Feitiço para Fazer um Pedido

Material necessário

- Sete cravos vermelhos
- Uma garrafa de cerveja branca
- Um copo
- Um charuto comum
- Uma caixa de fósforos
- Uma vela comum três cores juntas, vermelha, verde e branca

Modo de fazer

Leve todo o material para um mato ou estrada perto de um mato. Chegando ao local, escolha um lugar limpo e arrie os cravos no chão em forma de ferradura, ou seja, em forma de meia-lua.

Dentro dessa ferradura coloque o copo com cerveja, depois de abrir a garrafa e virar um pouco no chão em forma de ferradura, saudando e chamando por Ogum. Deixe a garrafa em pé com o que sobrou ao lado do copo.

Acenda a vela, o charuto e dê três baforadas para cima fazendo seu pedido e deixe em cima da caixa de fósforos semiaberta com a cabeça dos palitos para fora. Tudo dentro da ferradura.

Faça isso com bastante fé e pensamento positivo no que você deseja.

Reforce o pedido a Ogum e saia dando alguns passos para trás de frente para o ritual, ou seja, sem virar as costas de imediato para o ritual.

Obs.: Os cravos, o charuto e a vela podem ser passados no corpo da pessoa em casa ou até mesmo no local na hora da entrega, fazendo os pedidos. A garrafa de cerveja só pode ser passada no corpo da pessoa se a mesma não for feita no Santo com Axorê (sangue).

Se for fazer somente com o nome da pessoa, coloque o nome e endereço completos escritos num papel pequeno e dobrado bem miudinho dentro de um dos cravos, ou se preferir, enterre embaixo onde vai ficar a cerveja.

Nesse caso, na hora da entrega repita várias vezes o nome dessa pessoa.

Se você tiver congal de Umbanda em casa, pode ser feito no mesmo, trocando a vela comum por uma vela de sete dias da mesma cor. O resto segue igual, e depois de queimar a vela de sete dias despache num dos locais citados acima, ou enterre no seu pátio. Nesse caso, a garrafa e o copo não são enterrados, apenas se vira o líquido.

Esta oferenda serve para qualquer Ogum das Matas.

Se não encontrar cravos vermelhos, podem ser brancos.

Se preferir, para fortalecer ainda mais o feitiço, na hora cante ou recite o ponto abaixo ou escolha um de sua preferência.

"Ogum das matas quem é você
Ogum das matas quem é você
Quem não me conhece

> *Vai me conhece*
> *Eu sou Ogum das matas*
> *Sou eu, sou eu, sou eu."*

Feitiço para se Livrar de um Problema

Material necessário

- Uma bandeja de papelão
- Três folhas de papel de seda, vermelha, branca e verde ou folhas de mamoneiro
- Uma ripa de costela contendo sete ossos
- Farinha de mandioca
- Mel
- Óleo de dendê
- Uma garrafa de cerveja branca
- Um copo
- Uma vela comum três cores juntas, vermelha, verde e branca
- Um charuto comum
- Uma caixa de fósforos

Modo de fazer

Asse a costela no forno do fogão. Asse dessa forma: prenda as duas pontas da costela uma na outra com um arame ou algo parecido, para que depois de assada e fria você solte as pontas e a mesma fique em forma de ferradura, ou seja, meia-lua.

Passe mel com o dedo, não muito, na carne e óleo de dendê na ponta dos ossos.

Enfeite a bandeja com os papéis de seda ou folhas de mamoneiro.

Torre a farinha de mandioca numa frigideira formando uma farofa torrada.

Coloque essa farofa na bandeja já enfeitada e por cima coloque a costela assada.

Leve a bandeja com o resto do material para um mato ou estrada perto de um mato.

Chegando ao local, escolha um lugar limpo e arrie a bandeja no chão.

Abra a garrafa de cerveja e vire um pouco no chão em forma de ferradura, saudando e chamando por Ogum.

Coloque um pouco no copo e coloque o copo e a garrafa em pé com o que restou ao lado da bandeja.

Acenda a vela ao lado, não muito próxima para evitar que caia e pegue fogo na bandeja, acenda o charuto e dê três baforadas para cima fazendo seu pedido, e deixe em cima da caixa de fósforos semiaberta com a cabeça dos palitos para fora.

Faça isso com bastante fé e pensamento positivo no que você deseja.

Reforce o pedido a Ogum e saia dando alguns passos para trás de frente para o ritual, ou seja, sem virar as costas de imediato para o ritual.

Obs.: A bandeja, o charuto e a vela podem ser passados no corpo da pessoa em casa ou até mesmo no local na hora da entrega, fazendo os pedidos.

A garrafa de cerveja só pode ser passada no corpo da pessoa se a mesma não for feita no Santo com Axorê (sangue).

Se for fazer somente com o nome da pessoa, coloque o nome escrito num papel pequeno e dobrado bem miudinho dentro da costela, entre carne e osso, para que fique discreto aos olhos alheios, ou se preferir, enterre embaixo onde vai ficar a bandeja.

Nesse caso, na hora da entrega repita várias vezes o nome dessa pessoa.

Se você tiver congal de Umbanda em casa, pode ser feito no mesmo, trocando a vela comum por uma vela de sete dias da mesma cor. O resto segue igual, e depois de queimar a vela de sete dias despache num dos locais citados acima sem ritual algum, pois o mesmo já foi velado e está velho, ou enterre no seu pátio. Nesse caso, a garrafa e o copo não serão enterrados; somente vire o líquido.

Esta oferenda serve para qualquer Ogum.

Se preferir, para fortalecer ainda mais o feitiço, na hora cante ou recite o ponto abaixo ou escolha um de sua preferência.

"A bandeira de Ogum tem três cores
Que brilha sobre o mar
Com a força da mãe sereia
Da nossa mãe Iemanjá."

Feitiço para Fartura (1)

Material necessário

- Uma bandeja de papelão
- Duas folhas de papel de seda, branca e verde ou folhas de mamoneiro
- Sete mangas
- Um pacote de coco ralado
- Uma garrafa de vinho tinto doce
- Uma vela comum bicolor verde e branca
- Um charuto comum
- Uma caixa de fósforos

Modo de fazer

Forre a bandeja com os papéis de seda.

Corte as mangas em dois pedaços e distribua em cima da bandeja com a parte aberta para cima.

Pulverize o coco ralado por cima da bandeja já com as mangas.

Faça isso com bastante fé e pensamento positivo no que você deseja.

Leve a bandeja e o resto do material para um mato.

Chegando ao local escolha um lugar limpo e arrie a bandeja no chão.

Abra o vinho e vire um pouco no chão saudando e chamando por Oxóssi e deixe a garrafa em pé com o que restou ao lado da bandeja.

Acenda a vela, após acenda o charuto e dê três baforadas para cima fazendo seu pedido a Oxóssi, e deixe em cima da caixa de fósforos semiaberta com a cabeça dos palitos para fora.

Faça isso com bastante fé e pensamento positivo no que você deseja.

Reforce o pedido a Oxóssi e saia dando alguns passos para trás de frente para o ritual, ou seja, sem virar as costas de imediato para o ritual.

Esta oferenda pode ser feita a qualquer Caboclo ou Cabocla da Mata.

Obs.: A bandeja, o charuto e a vela podem ser passados no corpo da pessoa em casa ou até mesmo no local na hora da entrega, fazendo os pedidos.

A garrafa de vinho só pode ser passada no corpo da pessoa se a mesma não for feita no Santo com Axorê (sangue).

Se fizer somente com o nome da pessoa, coloque o nome escrito em 14 papéis pequenos e dobrados bem miudinhos dentro de cada pedaço de manga para que fique discreto aos olhos alheios.

Nesse caso, na hora da entrega repita várias vezes o nome dessa pessoa.

Se você tiver congal de Umbanda em casa, pode ser feito no mesmo, trocando a vela comum por uma vela de sete dias da mesma cor. O resto segue igual, e depois de queimar a vela de sete dias despache num mato sem ritual algum, pois o mesmo já foi velado e está velho, ou enterre no seu pátio. Nesse caso a garrafa não será enterrada; somente vire o líquido.

Se preferir, para fortalecer ainda mais o feitiço, na hora cante ou recite o ponto abaixo ou escolha um de sua preferência.

"Oxóssi mora debaixo da gameleira
Debaixo da gameleira
E salve rompe mato
E salve arranca toco
E salve Ogum das matas
Ele é cacique em qualquer terreiro
Firma seu ponto sem medo de errar
Mais não me toque na flor da jurema
Sem a lei suprema do pai Oxalá."

Feitiço para Fartura (2)

Material necessário

- Sete diferentes tipos de frutas
- Um pacote de coco ralado
- Uma garrafa de vinho tinto doce
- Sete charutos comuns
- Sete caixas de fósforos
- Uma vela comum bicolor verde e branca

Modo de fazer

Em casa corte as frutas em duas partes.

Leve todo o material para um mato. Chegando ao local escolha um lugar limpo para arriar o ritual.

Abra o vinho, vire um pouco no chão saudando e chamando por Oxóssi e deixe a garrafa com o que restou em pé.

Ao lado bem juntinho da garrafa deixe a vela acesa.

Circule a garrafa e a vela com as frutas em volta com a parte aberta para cima. Todas misturadas em volta e próximas da garrafa sem ordem predeterminada.

Pulverize o coco ralado por cima das frutas.

E por último, circule tudo a garrafa e as frutas, com os setes charutos acesos, depois de dar três baforadas para cima fazendo o pedido em cima de cada caixa de fósforos semiaberta com a cabeça dos palitos para fora.

Circule espaçadamente um do outro para que feche o círculo.

Faça tudo isso com bastante fé e pensamento positivo no que você deseja.

Reforce o pedido a Oxóssi e saia dando alguns passos para trás de frente para o ritual, ou seja, sem virar as costas de imediato para o ritual.

Esta oferenda pode ser feita a qualquer Caboclo ou Cabocla da Mata.

Obs.: As frutas, vela e charuto podem ser passados no corpo da pessoa em casa ou até mesmo no local na hora da entrega, fazendo os pedidos.

Se for colocar nome da pessoa a quem for direcionado o ritual, coloque o nome escrito em 14 papéis pequenos e dobrados bem miudinho dentro de cada pedaço de frutas para que fique discreto aos olhos alheios.

Nesse caso, na hora da entrega repita várias vezes o nome dessa pessoa.

Se você tiver congal de Umbanda em casa, pode ser feito no mesmo, trocando a vela comum por uma vela de sete dias da mesma cor. O resto segue igual, e depois de queimar a vela de sete dias despache tudo num mato sem ritual algum, pois o mesmo já foi velado e está velho, ou enterre no seu pátio. Nesse caso, a garrafa não será enterrada; somente vire o líquido.

Se preferir, para fortalecer ainda mais o feitiço, na hora cante ou recite o ponto abaixo ou escolha um de sua preferência.

"Oxóssi assoviou
Foi lá no maita
Oxóssi assoviou
Foi lá no maita
Ogum que está de ronda
E cavaleiro de Oxalá
Ogum que está de ronda
Na porta desse congal
Ogum só dá entrada para os filhos de Oxalá."

Feitiço para Fartura (3)

Material necessário

- Um arco e flecha médio ou miniatura
- Uma garrafa de vinho tinto doce
- Um vidro de mel
- Uma vela comum bicolor verde e branca
- Um charuto comum
- Uma caixa de fósforos

Modo de fazer

Leve todo o material para um mato.

Chegando ao local escolha um lugar limpo para arriar o ritual. Abra o vinho, vire um pouco no chão saudando e chamando por Oxóssi e deixe a garrafa com o que restou em pé.

Ao lado da garrafa deixe a vela acesa.

O charuto aceso em cima da caixa de fósforos semiaberta com a cabeça dos palitos para fora, depois de ter dado ter baforadas para cima fazendo o pedido.

Ao lado deixe também o arco e flecha de Oxóssi.

Por último, circule todo o ritual com o mel.

Faça tudo isso com bastante fé e pensamento positivo no que você deseja.

Reforce o pedido a Oxóssi e saia dando alguns passos para trás de frente para o ritual, ou seja, sem virar as costas de imediato para o ritual.

Esta oferenda pode ser feita a qualquer Caboclo ou Cabocla da Mata.

Obs.: O arco e flecha, vela e charuto podem ser passados no corpo da pessoa em casa ou até mesmo no local na hora da entrega, fazendo os pedidos.

Se for colocar nome da pessoa a quem for direcionado o ritual, coloque o nome escrito num papel pequeno e dobrado bem miudinho enterrado embaixo da garrafa de vinho, para que fique discreto aos olhos alheios.

Nesse caso, na hora da entrega repita várias vezes o nome dessa pessoa.

Se você tiver congal de Umbanda em casa, pode ser feito no mesmo, trocando a vela comum por uma vela de sete dias da mesma cor. O resto segue igual, e depois de queimar a vela de sete dias despache num mato sem ritual algum, pois o mesmo já foi velado e está velho, ou enterre no seu pátio. Nesse caso a garrafa não será enterrada; apenas vire o líquido.

Se preferir, para fortalecer ainda mais o feitiço, na hora cante ou recite o ponto abaixo ou escolha um de sua preferência.

"Eu vi chover, eu vi relampejar
Mas mesmo assim o céu estava azul
Samborê pemba
Folha da Jurema
Oxóssi reina
De norte a sul."

Feitiço para Pedir Justiça

Material necessário

- Sete flores conhecidas como copo-de-leite
- Uma garrafa de cerveja preta
- Um charuto comum
- Uma caixa de fósforos
- Uma vela comum marrom

Modo de fazer

Leve todo o material para uma pedreira ou local que tenha algumas pedras.

Chegando ao local, escolha um lugar limpo de preferência perto de uma pedra para arriar o ritual.

Abra a cerveja, vire um pouco no chão saudando e chamando por Xangô e deixe a garrafa com o que restou em pé.

Ao lado da garrafa deixe a vela acesa, juntamente com o charuto aceso, depois de dar três baforadas para cima fazendo o pedido a Xangô.

E por último circule tudo com os copos-de-leite.

Faça tudo isso com bastante fé e pensamento positivo no que você deseja.

Reforce o pedido a Xangô e saia dando alguns passos para trás de frente para o ritual, ou seja, sem virar as costas de imediato para o ritual.

Chegando em casa ou no outro dia, se possível, tome um banho de ervas com mel e perfume.

Obs.: As flores, vela e charuto podem ser passados no corpo da pessoa em casa ou até mesmo no local na hora da entrega, fazendo os pedidos.

Se for colocar nome da pessoa a quem for direcionado o ritual, coloque o nome escrito em 7 papéis pequenos e dobrados bem miudinho dentro de cada copo-de-leite para que fique discreto aos olhos alheios.

Nesse caso, na hora da entrega repita várias vezes o nome dessa pessoa.

Se você tiver congal de Umbanda em casa, pode ser feito no mesmo, trocando a vela comum por uma vela de sete dias da mesma cor. O resto segue igual, e depois de queimar a vela de sete dias despache tudo numa pedreira ou local que tenha pedras sem ritual algum, pois o mesmo já foi velado e está velho, ou enterre no seu pátio. Nesse caso, a garrafa não será enterrada; apenas vire o líquido.

Se preferir, para fortalecer ainda mais o feitiço, na hora cante ou recite o ponto abaixo ou escolha um de sua preferência.

"Xangô é rei
Xangô é rei Orixá
Escreve lei
No livro de Oxalá
Meu Pai Xangô
é rei lá na pedreira
Mãe Oxum rainha nas cachoeiras."

Feitiço para Vencer um Processo Judicial

Material necessário

- Sete cravos brancos
- Sete cravos vermelhos
- Linha de costura marrom
- Uma vela comum marrom
- Uma caixa de fósforos
- 14 papéis pequenos com o número do processo judicial

Modo de fazer

Em casa prepare os cravos dessa forma: enrole cada um dos papéis com o número do processo em cada um cravo e termine enrolando um pouco de linha marrom em cada um atando para que o papel fique preso no cravo.

Leve todo o material para uma pedreira ou local que tenha algumas pedras.

Chegando ao local escolha um lugar limpo para arriar o ritual, de preferência em cima de uma pedra.

Acenda a vela e deixe a caixa de fósforos ao lado semiaberta com a cabeça dos palitos para fora.

Circule a vela com os cravos. Saúde Xangô, diga: Caô Cabiecile! E faça seu pedido.

Faça tudo isso com bastante fé e pensamento positivo no que você deseja.

Reforce o pedido a Xangô e saia dando alguns passos para trás de frente para o ritual, ou seja, sem virar as costas de imediato para o ritual.

Se possível, ao chegar em casa ou no outro dia tome um banho de ervas com mel e perfume.

Obs.: As flores e a vela podem ser passadas no corpo da pessoa em casa ou até mesmo no local na hora da entrega, fazendo os pedidos.

Se você tiver congal de Umbanda em casa, pode ser feito no mesmo, trocando a vela comum por uma vela de sete dias da mesma cor. O resto segue igual, e depois de queimar a vela de sete dias despache numa pedreira ou local que tenha algumas pedras sem ritual algum, pois o mesmo já foi velado e está velho, ou enterre no seu pátio.

Se preferir, para fortalecer ainda mais o feitiço, na hora cante ou recite o ponto abaixo ou escolha um de sua preferência.

"Relampeou, relampeou
Foi o corisco de Xangô que aqui chegou
lá na pedreira, uma pedra se partiu
Foi Xangô que aqui chegou
Mais ninguém viu."

Feitiço para Vencer uma Demanda

Material necessário

- Uma cerveja preta
- Um copo novo
- Sete charutos
- Sete caixas de fósforos
- Um vidro de mel
- Uma vela comum marrom

Modo de fazer

Leve todo o material para uma pedreira ou local que tenha algumas pedras.

Chegando ao local escolha um lugar limpo para arriar o ritual, de preferência em cima de uma pedra.

Abra a cerveja e vire um pouco no chão saudando e chamando por Xangô.

Coloque um pouco no copo e deixe a garrafa em pé com o que restou, juntamente com o copo.

Acenda a vela ao lado da cerveja.

Acenda os sete charutos, dê três baforadas para cima fazendo o pedido e deixe em cima de cada uma das caixas de fósforos semiabertas com a cabeça dos palitos para fora circulando a cerveja, copo e a vela com os charutos em cima de cada uma caixa de fósforos.

Por último, por fora do ritual, circule tudo com mel.

Faça tudo isso com bastante fé e pensamento positivo no que você deseja.

Saúde Xangô, diga: "Caô Cabiecile! E faça seu pedido. Meu Pai Xangô! Faço esta humilde oferenda e peço que me conceda esse pedido. Confio na sua justiça. Tenho certeza de que, com a permissão de Zambi maior e de Pai Oxalá, eu conseguirei o que desejo, no caso de merecer! Salve novamente o Orixá, Caô Cabiecile!" E vá embora.

Reforce o pedido a Xangô e saia dando alguns passos para trás de frente para o ritual, ou seja, sem virar as costas de imediato para o ritual.

Se possível, ao chegar em casa ou no outro dia tome um banho de descarga com mel e perfume.

Obs.: A vela e os charutos podem ser passados no corpo da pessoa em casa ou até mesmo no local na hora da entrega, fazendo os pedidos.

Se for colocar nome da pessoa a quem for direcionado o ritual, coloque o nome escrito em um papel pequeno e dobrado bem miudinho enterrado embaixo da garrafa para que fique discreto aos olhos alheios.

Nesse caso, na hora da entrega repita várias vezes o nome dessa pessoa.

Se você tiver congal de Umbanda em casa, pode ser feito no mesmo, trocando a vela comum por uma vela de sete dias da mesma cor. O resto segue igual, e depois de queimar a vela de sete dias despache tudo numa pedreira ou local que tenha algumas pedras sem ritual algum, pois o mesmo já foi velado e está velho, ou enterre no seu pátio. Nesse caso a garrafa não será enterrada; apenas vire o líquido.

Se preferir, para fortalecer ainda mais o feitiço, na hora cante ou recite o ponto abaixo ou escolha um de sua preferência.

"Segura a pedra Xangô
Não deixa a pedra rolar
Firma seu ponto meu Pai
Para a justiça firmar."

Feitiço para Fazer um Pedido (1)
Material necessário

- Uma garrafa de vinho seco
- Sete caixas de fósforos
- Sete charutos
- Sete velas comuns bicolores, verde e branca

Modo de fazer

Leve todo o material para uma mata.

Chegando ao local escolha um lugar limpo para arriar o ritual.

Abra o vinho e vire um pouco no chão saudando e chamando pelo Caboclo Tupinambá.

Deixe a garrafa em pé com o que restou, e circule a garrafa com as velas acesas e os charutos acesos cada um em cima de uma caixa de fósforos semiaberta com as cabeças dos palitos para fora, intercalados, uma vela e um charuto, assim sucessivamente até fechar o círculo com a garrafa do vinho dentro.

Faça tudo isso com bastante fé e pensamento positivo no que você deseja.

Reforce o pedido ao Caboclo Tupinambá e saia dando alguns passos para trás de frente para o ritual, ou seja, sem virar as costas de imediato para o ritual.

Esta oferenda pode ser feita a qualquer Caboclo da Mata.

Se possível, ao chegar em casa tome um banho de ervas com mel e perfume.

Obs.: As velas e os charutos podem ser passados no corpo da pessoa em casa ou até mesmo no local na hora da entrega, fazendo os pedidos.

Se você tiver congal de Umbanda em casa, pode ser feito no mesmo, trocando as velas comuns por uma vela de sete dias da mesma cor. O resto segue igual, e depois de queimar a vela de sete dias despache tudo numa mata sem ritual algum, pois o mesmo já foi velado e está velho, ou enterre no seu pátio. Nesse caso, a garrafa não será enterrada; apenas vire o líquido.

Querendo, pode colocar nomes de pessoas ou pedidos escritos em papel pequeno dentro da garrafa de bebida. Faça isso por último, se for o caso, e dê uma chacoalhada na garrafa para que o papel se misture à bebida.

Nesse caso, na hora da entrega repita várias vezes o nome dessa pessoa.

Se preferir, para fortalecer ainda mais o feitiço, na hora cante ou recite o ponto abaixo ou escolha um de sua preferência.

"Tupinambá, Tupinambá vem de Aruanda
Tupinambá, Tupinambá vence demanda
Tupinambá é um cacique, é um guerreiro
Tupinambá venha comigo no terreiro."

Feitiço para Fazer um Pedido (2)

Material necessário

- Uma caixa de fósforo
- Uma garrafa de guaraná
- Um maço de cigarros
- Sete velas comuns bicolores, branca e verde

Modo de fazer

Leve todo o material para uma mata.

Chegando ao local escolha um lugar limpo para arriar o ritual ao pé de uma árvore.

Abra a garrafa de guaraná e vire um pouco no chão saudando e chamando pela Cabocla Jurema das Matas.

Deixe a garrafa em pé com o que restou.

Acenda também um cigarro, dê três baforadas para cima fazendo seu pedido e deixe em cima da caixa de fósforos semiaberta com a cabeça dos palitos para fora. Deixe também o maço de cigarros aberto com algumas pontas de cigarro para fora do maço e ao lado da garrafa.

Acenda as velas circulando tudo.

Faça tudo isso com bastante fé e pensamento positivo no que você deseja.

Reforce o pedido à Cabocla Jurema e saia dando alguns passos para trás de frente para o ritual, ou seja, sem virar as costas de imediato para o ritual.

Esta oferenda pode ser feita a qualquer Cabocla da Mata.

Se possível, ao chegar em casa ou no outro dia tome um banho de ervas com mel e perfume.

Obs.: As velas, o guaraná e o maço de cigarro podem ser passados no corpo da pessoa em casa ou até mesmo no local na hora da entrega, fazendo os pedidos.

Se for colocar nome da pessoa a quem for direcionado o ritual, coloque o nome escrito em um papel pequeno e dobrado bem miudinho enterrado embaixo da garrafa para que fique discreto aos olhos alheios.

Nesse caso, na hora da entrega repita várias vezes o nome dessa pessoa.

Se você tiver congal de Umbanda em casa, pode ser feito no mesmo, trocando as velas comuns por uma vela de sete dias da mesma cor. O resto segue igual, e depois de queimar a vela de sete dias despache tudo numa mata sem ritual algum, pois o mesmo já foi velado e está velho, ou enterre no seu pátio. Nesse caso, não se enterra a garrafa; apenas vire o líquido.

Se preferir, para fortalecer ainda mais o feitiço, na hora cante ou recite o ponto abaixo ou escolha um de sua preferência.

"Jurema minha boa pretinha
Vem dá seu auxílio
Em frente ao altar
Reze uma prece a Jesus
Que o mal desses filhos
Voz possa levar."

Feitiço para Fazer um Pedido (3)

Material necessário

- Uma caixa de fósforo
- Um charuto comum
- Sete velas comuns brancas
- Uma garrafa de vinho branco suave

Modo de fazer

Leve todo o material para um morro bem alto, ou mata.

Chegando ao local escolha o lugar mais alto que tiver para arriar o ritual.

Abra a garrafa de vinho e vire um pouco no chão saudando e chamando pelo Caboclo Pena Branca.

Deixe a garrafa em pé com o que restou.

Ao lado da garrafa, circulando a mesma, acenda as sete velas.

Acenda também o charuto, dê três baforadas para cima fazendo seu pedido e deixe em cima da caixa de fósforos semiaberta com a cabeça dos palitos para fora. Deixe ao lado da garrafa dentro do círculo de velas.

Faça tudo isso com bastante fé e pensamento positivo no que você deseja.

Reforce o pedido ao Caboclo Pena Branca e saia dando alguns passos para trás de frente para o ritual, ou seja, sem virar as costas de imediato para o ritual.

Esta oferenda pode ser feita a qualquer Caboclo de pena, pena verde, pena azul, pena roxa, pena dourada e para os demais. Também para qualquer Caboclo de mata.

Ao chegar em casa, se possível tome um banho de ervas com mel e perfume.

Obs.: As velas e o charuto podem ser passados no corpo da pessoa em casa ou até mesmo no local na hora da entrega, fazendo os pedidos.

Se você tiver congal de Umbanda em casa, pode ser feito no mesmo, trocando as velas comuns por uma vela de sete dias da mesma cor. O resto segue igual, e depois de queimar a vela de sete dias despache num morro ou mata sem ritual algum, pois o mesmo já foi velado e está velho, ou enterre no seu pátio. Nesse caso, não enterre a garrafa; vire apenas o líquido.

Querendo, pode colocar nomes de pessoas ou pedidos escritos em papel pequeno dentro da garrafa de bebida. Faça isso por último, se for o caso, e dê uma chacoalhada na garrafa para que o papel se misture à bebida.

Nesse caso, na hora da entrega repita várias vezes o nome dessa pessoa.

Se preferir, para fortalecer ainda mais o feitiço, na hora cante ou recite o ponto abaixo ou escolha um de sua preferência.

"Eu vi meu Pai assobiar
Ele mandou chamar
É de Aruanda ê
É de Aruanda ê
Seu Pena Branca
É de Aruanda ê."

Feitiço para Fazer um Pedido (4)

Material necessário

- Uma caixa de fósforo
- Um charuto comum
- Sete velas comuns verdes-claras
- Uma garrafa de vinho branco seco

Modo de fazer

Leve todo o material para uma mata.

Chegando ao local escolha um lugar limpo para arriar o ritual.

Abra a garrafa de vinho e vire um pouco no chão saudando e chamando pelo Caboclo Ubirajara.

Deixe a garrafa em pé com o que restou.

Ao lado da garrafa, circulando a mesma, acenda as sete velas. Acenda também o charuto, dê três baforadas para cima fazendo seu pedido e deixe em cima da caixa de fósforos semiaberta com a cabeça dos palitos para fora. Deixe ao lado da garrafa, dentro do círculo de velas.

Faça tudo isso com bastante fé e pensamento positivo no que você deseja.

Reforce o pedido ao Caboclo Ubirajara e saia dando alguns passos para trás de frente para o ritual, ou seja, sem virar as costas de imediato para o ritual.

Esta oferenda pode ser feita a qualquer Caboclo de mata.

Se for possível, ao chegar em casa tome um banho de ervas com mel e perfume.

Obs.: As velas e o charuto podem ser passados no corpo da pessoa em casa ou até mesmo no local na hora da entrega, fazendo os pedidos.

Se você tiver congal de Umbanda em casa, pode ser feito no mesmo, trocando as velas comuns por uma vela de sete dias da mesma cor. O resto segue igual, e depois de queimar a vela de sete dias despache tudo numa mata sem ritual algum, pois o mesmo já foi velado e está velho, ou enterre no seu pátio. Nesse caso, a garrafa não será enterrada; apenas vire o líquido.

Querendo, pode colocar nomes de pessoas ou pedidos escritos em papel pequeno dentro da garrafa de bebida. Faça isso por último, se for o caso, e dê uma chacoalhada na garrafa para que o papel se misture à bebida.

Nesse caso, na hora da entrega repita várias vezes o nome dessa pessoa.

Se preferir, para fortalecer ainda mais o feitiço, na hora cante ou recite o ponto abaixo ou escolha um de sua preferência.

> *"Corto língua, corto mironga*
> *corto língua de falador*
> *aonde eu passo com minha espada*
> *não haja embaraço*
> *chegou Ubirajara de peito e de aço."*

Feitiço para Fazer um Pedido (5)

Material necessário

- Sete caixas de fósforos
- Sete charutos comuns
- Sete velas comuns verdes
- Uma garrafa de cachaça misturada com mel
- Mel

Modo de fazer:

Em casa prepare a cachaça com mel. Tire um pouco da cachaça e coloque um pouco de mel. Chacoalhe bem para ficar tudo bem misturado.

Leve todo o material para uma mata.

Chegando ao local escolha um lugar limpo para arriar o ritual.

Abra a garrafa de cachaça misturada com mel e vire um pouco no chão saudando e chamando pelo Caboclo Sete Flechas.

Deixe a garrafa em pé com o que restou.

Bem próximo da garrafa, circulando a mesma, acenda as sete velas.

Acenda também os sete charutos, fazendo seu pedido e deixe em cima de cada caixa de fósforos semiaberta com a cabeça dos palitos para fora, circulando a garrafa e as velas. Deixe a parte acesa do charuto para fora, ou seja, em direção contrária à garrafa.

Faça tudo isso com bastante fé e pensamento positivo no que você deseja.

Reforce o pedido ao Caboclo Sete Flechas e saia dando alguns passos para trás de frente para o ritual, ou seja, sem virar as costas de imediato para o ritual.

Esta oferenda pode ser feita a qualquer Caboclo de mata.

Ao chegar em casa, se possível tome um banho de ervas com mel e perfume.

Obs.: As velas e os charutos podem ser passados no corpo da pessoa em casa ou até mesmo no local na hora da entrega, fazendo os pedidos.

Se você tiver congal de Umbanda em casa, pode ser feito no mesmo, trocando as velas comuns por uma vela de sete dias da mesma cor. O resto segue igual, e depois de queimar a vela de sete dias despache tudo numa mata sem ritual algum, pois o mesmo já foi velado e está velho, ou enterre no seu pátio. Nesse caso, não se enterra a garrafa; apenas vira-se o líquido.

Querendo, pode colocar nomes de pessoas ou pedidos escritos em papel pequeno dentro da garrafa de bebida. Faça isso por último, se for o caso, e dê uma chacoalhada na garrafa para que o papel se misture à bebida.

Nesse caso, na hora da entrega repita várias vezes o nome dessa pessoa.

Se preferir, para fortalecer ainda mais o feitiço, na hora cante ou recite o ponto abaixo ou escolha um de sua preferência.

"E rê rê, rê rê rê rê rê rê rá
E rê rê Caboclo Sete Flechas no congal
Saravá seu Sete Flechas
Ele é o rei da mata
Com sua bodoque atira
Sua flecha mata."

Feitiço para Fazer um Pedido (6)

Material necessário

- Uma caixa de fósforos
- Um charuto comum
- Uma vela comum branca
- Uma garrafa de vinho tinto suave

Modo de fazer

Leve todo o material para uma mata.

Chegando ao local escolha um lugar limpo para arriar o ritual ao pé de uma árvore sombrosa.

Abra a garrafa de vinho, vire um pouco no chão saudando e chamando pelo Caboclo da Lua ou Caboclo do Sol.

Se for para o Caboclo do sol leve o vinho branco suave.

Deixe a garrafa em pé com o que restou.

Ao lado da garrafa acenda a vela, no outro lado da garrafa acenda o charuto, dê três baforadas para cima fazendo seu pedido e deixe em cima da caixa de fósforos semiaberta com a cabeça dos palitos para fora.

Faça tudo isso com bastante fé e pensamento positivo no que você deseja.

Reforce o pedido ao Caboclo da Lua ou do sol, se for o caso, e saia dando alguns passos para trás de frente para o ritual, ou seja, sem virar as costas de imediato para o ritual.

Esta oferenda pode ser feita a qualquer Caboclo de mata.

Ao chegar em casa, se possível tome um banho de ervas com mel e perfume.

Obs.: A vela e o charuto podem ser passados no corpo da pessoa em casa ou até mesmo no local na hora da entrega, fazendo os pedidos.

Se você tiver congal de Umbanda em casa, pode ser feito no mesmo, trocando a vela comum por uma vela de sete dias da mesma cor. O resto segue igual, e depois de queimar a vela despache tudo numa mata sem ritual algum, pois o mesmo já foi velado e está velho, ou enterre no seu pátio. Nesse caso, não enterre a garrafa, apenas vire o líquido.

Querendo, pode colocar nomes de pessoas ou pedidos escritos em papel pequeno dentro da garrafa de bebida. Faça isso por último, se for o caso, e dê uma chacoalhada na garrafa para que o papel se misture à bebida.

Nesse caso, na hora da entrega repita várias vezes o nome dessa pessoa.

Se preferir, para fortalecer ainda mais o feitiço, na hora cante ou recite o ponto abaixo ou escolha um de sua preferência.

"Caboclo baixou da lua
Fez tremar a terra
Nos campos de batalha
Caboclo venceu a guerra."

Feitiço para Fazer um Pedido (7)
Material necessário

- Uma vela comum bicolor branca e verde
- Uma caixa de fósforos
- Um cigarro comum ou cigarrilha
- Uma garrafa de vinho tinto ou branco suave

Modo de fazer

Leve todo o material para uma mata.

Chegando ao local escolha um lugar limpo para arriar o ritual.

Abra a garrafa de vinho, vire um pouco no chão saudando e chamando pela Cabocla Jandira ou Jupira.

Deixe a garrafa em pé com o que restou.

Ao lado da garrafa acenda a vela, no outro lado da garrafa acenda o cigarro ou cigarrilha, dê três baforadas para cima fazendo seu pedido, e deixe em cima da caixa de fósforos semiaberta com a cabeça dos palitos para fora.

Faça tudo isso com bastante fé e pensamento positivo no que você deseja.

Reforce o pedido a Cabocla Jandira ou Jupira, se for o caso, e saia dando alguns passos para trás de frente para o ritual, ou seja, sem virar as costas de imediato para o ritual.

Esta oferenda pode ser feita a qualquer Cabocla de mata.

Ao chegar em casa, se possível tome um banho de ervas com mel e perfume.

Obs.: A vela e o cigarro podem ser passados no corpo da pessoa em casa ou até mesmo no local na hora da entrega, fazendo os pedidos.

Se você tiver congal de Umbanda em casa, pode ser feito no mesmo, trocando a vela comum por uma vela de sete dias da mesma cor. O resto segue igual, e depois de queimar a vela de sete dias despache tudo numa mata sem ritual algum, pois o mesmo já foi velado e está velho, ou enterre no seu pátio. Nesse caso, não enterre a garrafa, apenas vire o líquido.

Querendo, pode colocar nomes de pessoas ou pedidos escritos em papel pequeno dentro da garrafa de bebida. Faça isso por último, se for o caso, e dê uma chacoalhada na garrafa para que o papel se misture à bebida.

Nesse caso, na hora da entrega repita várias vezes o nome dessa pessoa.

Se preferir, para fortalecer ainda mais o feitiço, na hora cante ou recite o ponto abaixo ou escolha um de sua preferência.

> *"Quem quiser viver sobre a terra*
> *Quem quiser viver sobre o mar*
> *Chama a cabocla Jandira*
> *Chama as caboclas do mar."*

Feitiço para Fazer um Pedido (8)

Material necessário

- Uma caixa de fósforos
- Um charuto comum
- Uma vela comum verde
- Uma garrafa de cachaça
- Um copo com mel

Modo de fazer

Leve todo o material para uma mata.

Chegando ao local escolha um lugar limpo para arriar o ritual ao pé de uma árvore grande e sombrosa.

Abra a garrafa de cachaça, vire um pouco no chão saudando e chamando pelo Caboclo Pantera Negra.

Deixe a garrafa em pé com o que restou.

Ao lado da garrafa acenda a vela, no outro lado da garrafa acenda o charuto, dê três baforadas para cima fazendo seu pedido, e deixe em cima da caixa de fósforos semiaberta com a cabeça dos palitos para fora.

Na frente da garrafa deixe o copo com mel.

Faça tudo isso com bastante fé e pensamento positivo no que você deseja.

Reforce o pedido ao Caboclo Pantera Negra e saia dando alguns passos para trás de frente para o ritual, ou seja, sem virar as costas de imediato para o ritual.

Esta oferenda pode ser feita a qualquer Caboclo de mata.

Ao chegar em casa, se possível tome um banho de ervas com mel e perfume.

Obs.: A vela o copo com mel e o charuto podem ser passados no corpo da pessoa em casa ou até mesmo no local na hora da entrega, fazendo os pedidos.

Se você tiver congal de Umbanda em casa, pode ser feito no mesmo, trocando a vela comum por uma vela de sete dias da mesma cor. O resto segue igual, e depois de queimar a vela de sete dias despache tudo numa mata sem ritual algum, pois o mesmo já foi velado e está velho, ou enterre no seu pátio. Nesse caso, a garrafa não será enterra; apenas vire o líquido.

Querendo, pode colocar nomes de pessoas ou pedidos escritos em papel pequeno dentro da garrafa de bebida. Faça isso por último, se for o caso, e dê uma chacoalhada na garrafa para que o papel se misture à bebida.

Nesse caso, na hora da entrega repita várias vezes o nome dessa pessoa.

Se preferir, para fortalecer ainda mais o feitiço, na hora cante ou recite o ponto abaixo ou escolha um de sua preferência.

"Vermelho é o sangue puro do meu pai
E verde é a cor da mata
Saravá seu pantera negra
Saravá a mata que ele mora."

Feitiço para Fazer um Pedido (9)

Material necessário

- Sete caixas de fósforos
- Sete charutos comuns
- Sete velas verdes
- Uma garrafa de vinho tinto seco
- Um litro de mel

Modo de fazer

Leve todo o material para uma mata.

Chegando ao local escolha um lugar limpo para arriar o ritual.

Abra a garrafa de vinho, vire um pouco no chão saudando e chamando pelo Caboclo Arranca-toco.

Deixe a garrafa em pé com o que restou.

Acenda os sete charutos, dê três baforadas para cima fazendo seu pedido, e deixe cada um em cima de cada uma das caixas de fósforos semiabertas com a cabeça dos palitos para fora, na volta da garrafa, ou seja, circulando a garrafa com os charutos e velas acesas, intercalados um charuto e uma vela acesa.

A parte acesa dos charutos fica para fora, ou seja, em direção contrária à garrafa.

Por último, por fora do ritual, circule tudo, velas, charutos e garrafa, virando no chão o litro de mel.

Faça tudo isso com bastante fé e pensamento positivo no que você deseja.

Reforce o pedido ao Caboclo Arranca-toco e saia dando alguns passos para trás de frente para o ritual, ou seja, sem virar as costas de imediato para o ritual.

Esta oferenda pode ser feita a qualquer Caboclo de mata.

Ao chegar em casa, se possível tome um banho de ervas com mel e perfume.

Obs.: As velas e os charutos podem ser passados no corpo da pessoa em casa ou até mesmo no local na hora da entrega, fazendo os pedidos.

Se você tiver congal de Umbanda em casa, pode ser feito no mesmo, trocando as velas comuns por uma vela de sete dias da mesma cor. O resto segue igual, e depois de queimar a vela de sete dias despache tudo numa mata, ou enterre no seu pátio. Nesse caso, a garrafa não será enterrada; apenas vire o líquido.

Querendo pode colocar nomes de pessoas ou pedidos escritos em papel pequeno dentro da garrafa de bebida. Faça isso por último, se for o caso, e dê uma chacoalhada na garrafa para que o papel se misture à bebida.

Nesse caso, na hora da entrega repita várias vezes o nome dessa pessoa.

Se preferir, para fortalecer ainda mais o feitiço, na hora cante ou recite o ponto abaixo ou escolha um de sua preferência.

"Tão batendo na porta
É São Jorge é um guerreiro
Ele veio de Aruanda
Pra saldar esse terreiro

Lá nas matas tem um toco
Que o machado não cortou
Era a espada de são Jorge
Que Arranca-toco plantou."

Feitiço para Fazer um Pedido (10)

Material necessário

- Uma caixa de fósforos
- Um charuto comum
- Uma vela comum branca
- Uma garrafa de vinho branco seco
- Um copo com água
- Um copo com mel

Modo de fazer

Leve todo o material para uma mata.

Chegando ao local escolha um lugar limpo para arriar o ritual. De preferência um lugar alto.

Abra a garrafa de vinho, vire um pouco no chão saudando e chamando pelo Caboclo Gira Sol e fazendo seus pedidos.

Deixe a garrafa em pé com o que restou.

Ao lado da garrafa acenda a vela, no outro lado da garrafa acenda o charuto, dê três baforadas para cima fazendo seu pedido e deixe em cima da caixa de fósforos semiaberta com a cabeça dos palitos para fora.

Na frente da garrafa deixe o copo com mel e o copo com água.

Faça tudo isso com bastante fé e pensamento positivo no que você deseja.

Reforce o pedido ao Caboclo Gira Sol e saia dando alguns passos para trás de frente para o ritual, ou seja, sem virar as costas de imediato para o ritual.

Esta oferenda pode ser feita a qualquer Caboclo de mata.

Ao chegar em casa, se possível tome um banho de ervas com mel e perfume.

Obs.: As velas e o charutos podem ser passados no corpo da pessoa em casa ou até mesmo no local na hora da entrega, fazendo os pedidos.

Se você tiver congal de Umbanda em casa, pode ser feito no mesmo, trocando a vela comum por uma vela de sete dias da mesma cor. O resto segue igual, e depois de queimar a vela de sete dias despache tudo numa mata sem ritual algum, pois o mesmo já foi velado e está velho, ou enterre no seu pátio. Nesse caso, a garrafa e os copos não serão enterrados; apenas vire o líquido.

Querendo, pode colocar nomes de pessoas ou pedidos escritos em papel pequeno dentro da garrafa de bebida.

Faça isso por último, se for o caso, e dê uma chacoalhada na garrafa para que o papel se misture à bebida.

Nesse caso, na hora da entrega repita várias vezes o nome dessa pessoa.

Se preferir, para fortalecer ainda mais o feitiço, na hora cante ou recite o ponto abaixo ou escolha um de sua preferência.

"Sua mãe é a lua
O seu pai é o sol
Sua tribo é tupi
Na Umbanda é girassol."

Feitiço para Fazer um Pedido (11)

Material necessário

- Uma caixa de fósforos
- Um charuto comum
- Uma vela comum verde
- Uma laranja com casca cortada em duas partes
- Um copo com mel

Modo de fazer

Leve todo o material para uma mata.

Chegando ao local escolha um lugar limpo para arriar o ritual ao pé de uma árvore grande e sombrosa.

Acenda a vela. Ao lado da vela acenda o charuto, dê três baforadas para cima fazendo seu pedido ao Caboclo Guarani, e deixe em cima da caixa de fósforos semiaberta com a cabeça dos palitos para fora.

Na frente da vela e do charuto deixe o copo com mel com uma das partes da laranja de cada lado do copo.

Faça tudo isso com bastante fé e pensamento positivo no que você deseja.

Reforce o pedido ao Caboclo Guarani e saia dando alguns passos para trás de frente para o ritual, ou seja, sem virar as costas de imediato para o ritual.

Esta oferenda pode ser feita a qualquer Caboclo de mata.

Ao chegar em casa, se possível tome um banho de ervas com mel e perfume

Obs.: A vela o charuto e a laranja podem ser passados no corpo da pessoa em casa ou até mesmo no local na hora da entrega, fazendo os pedidos.

Se você tiver congal de Umbanda em casa, pode ser feito no mesmo, trocando a vela comum por uma vela de sete dias da mesma cor. O resto segue igual, e depois de queimar a vela de sete dias despache numa mata sem ritual algum, pois o mesmo já foi velado e está velho, ou enterre no seu pátio. Nesse caso, não se enterra o copo; apenas vire o líquido.

Querendo, pode colocar nomes de pessoas ou pedidos escritos em papel pequeno bem dobradinho dentro de uma parte das laranjas.

Nesse caso, na hora da entrega repita várias vezes o nome dessa pessoa.

Se preferir, para fortalecer ainda mais o feitiço, na hora cante ou recite o ponto abaixo ou escolha um de sua preferência.

"Guarani, Guarani
Eu mandei lhe chamar
Nessa seara bendita
Guarani vem trabalhar
Ai vai chegar o supremo da montanha
Junto com a tribo Guarani
Seu supremo da montanha
Numa noite escura
Sentado no toco
Ai coringando a lua."

Feitiço para Fazer um Pedido (12)

Material necessário

- Uma caixa de fósforos
- Um cigarro comum ou cigarrilha
- Uma vela comum branca
- Um coco (fruta)

Modo de fazer

Leve todo o material para uma mata.

Chegando ao local escolha um lugar limpo para arriar o ritual ao pé de uma árvore.

Acenda a vela. Ao lado da vela acenda o cigarro ou cigarrilha, dê três baforadas para cima fazendo seu pedido a Cabocla Pena Azul e deixe em cima da caixa de fósforos semiaberta com a cabeça dos palitos para fora.

Na frente da vela e do cigarro deixe o coco aberto.

Faça tudo isso com bastante fé e pensamento positivo no que você deseja.

Reforce o pedido a Cabocla Pena Azul e saia dando alguns passos para trás de frente para o ritual, ou seja, sem virar as costas de imediato para o ritual.

Esta oferenda pode ser feita a qualquer Cabocla de mata.

Ao chegar em casa, se possível tome um banho de ervas com mel e perfume

Obs.: A vela e o cigarro podem ser passados no corpo da pessoa em casa ou até mesmo no local na hora da entrega, fazendo os pedidos.

Se você tiver congal de Umbanda em casa, pode ser feito no mesmo, trocando a vela comum por uma vela de sete dias da mesma cor. O resto segue igual, e depois de queimar a vela de sete dias despache tudo numa mata sem ritual algum, pois o mesmo já foi velado e está velho, ou enterre no seu pátio.

Querendo, pode colocar nomes de pessoas ou pedidos escritos em papel pequeno dentro do coco.

Nesse caso, na hora da entrega repita várias vezes o nome dessa pessoa.

Se preferir, para fortalecer ainda mais o feitiço, na hora cante ou recite o ponto abaixo ou escolha um de sua preferência.

> *"Iara é flecheira*
> *quem é que diz que não*
> *Iara é flecheira*
> *quem é que diz que não*
> *ela é flecheira do fundo mar*
> *da falange de Urubatã."*

Feitiço para Fazer um Pedido (13)

Material necessário

- Uma caixa de fósforos
- Um cigarro comum ou cigarrilha
- Um buquê de rosas brancas ou lírios
- Um perfume de alfazema
- Uma vela bicolor comum branca e verde

Modo de fazer

Leve todo o material para um local que tenha rio.

Chegando ao local escolha um lugar limpo nas margens do rio para arriar o ritual.

Próximo à água acenda a vela. Ao lado da vela acenda o cigarro ou cigarrilha, dê três baforadas para cima fazendo seu pedido à Cabocla jurema flecheira e deixe em cima da caixa de fósforos semiaberta com a cabeça dos palitos para fora.

Na frente da vela e do cigarro deixe o buquê de flor. Jogue o perfume de alfazema por cima do buquê.

Faça tudo isso com bastante fé e pensamento positivo no que você deseja.

Reforce o pedido a Cabocla Jurema e saia dando alguns passos para trás de frente para o ritual, ou seja, sem virar as costas de imediato para o ritual.

Esta oferenda pode ser feita a qualquer uma dessas Caboclas: Iracema, Jandira, Jupira, Bartira, Jurema ou a qualquer Cabocla de mata.

Ao chegar em casa, se possível tome um banho de ervas com mel e perfume

Obs.: Com exceção da caixa de fósforos, todos os materiais podem ser passados no corpo da pessoa em casa ou até mesmo no local na hora da entrega, fazendo os pedidos.

Se você tiver congal de Umbanda em casa, pode ser feito no mesmo, trocando a vela comum por uma vela de sete dias da mesma cor. O resto segue igual, e depois de queimar a vela de sete dias despache tudo numa mata sem ritual algum, pois o mesmo já foi velado e está velho, ou enterre no seu pátio.

Se for colocar papel com nomes ou pedidos, coloque discretamente dentro das rosas.

Nesse caso, na hora da entrega repita várias vezes o nome dessa pessoa.

Se preferir, para fortalecer ainda mais o feitiço, na hora cante ou recite o ponto abaixo ou escolha um de sua preferência.

"Jurema sua flecha caiu
Mais ninguém viu
Mais ninguém viu
Eu vou chamar o Caboclo Ventania
Só ele sabe onde a flecha caía."

Feitiço para Saúde (1)

Material necessário

- 7 batatas-inglesas grandes
- 1 bandeja de papelão pequena
- 1 vela comum branca
- 1 caixa de fósforos
- Papel de seda branco ou folhas de mamoneiro
- Mel
- Uma caixa de algodão

Modo de fazer

Cozinhe as sete batatas-inglesas. Ainda quentes, descasque-as e amasse com uma colher formando um purê. Depois, com as mãos forme (molde) um apeté em forma de uma bola como se fosse uma cabeça.

Depois de pronta, coloque na bandeja que já deve estar forrada com o papel de seda ou folhas de mamoneiro, e com o dedo minguinho faça um furo de cada lado da bola como se fossem as orelhas; faça mais dois furos um pouco separados um do outro na frente como se fossem os olhos; abaixo dos olhos faça mais dois furos juntos como se fossem o nariz e abaixo do nariz um furo como se fosse a boca.

Pinte essa cabeça com o mel, usando o dedo como pincel.

Forre a parte de trás, os lados e a parte de cima da cabeça com algodão como se fossem os cabelos da cabeça, livrando a frente dela, ou seja, o rosto.

Faça tudo com o pensamento positivo, com fé e fazendo seu pedido à Entidade ou Caboclo de sua preferência.

Leve a bandeja com a vela para o local que você vai fazer o ritual: praia, mato etc.

Chegando ao local peça licença e escolha um local limpo para realizar o ritual.

Passe a bandeja no corpo, ajoelhe-se e levante a bandeja com a cabeça na altura da sua com os furos dos olhos olhando para os seus e os seus olhos olhando para os olhos da cabeça. Converse com ela como se estivesse conversando com a Entidade ou Caboclo que você escolheu, e faça seus pedidos chamando-o pelo nome.

Arrie a bandeja no chão e acenda a vela ao lado. Deixe a caixa de fósforos semiaberta com a cabeça dos palitos para fora.

Reforce o pedido e saia dando alguns passos para trás de frente para o ritual, ou seja, sem virar as costas de imediato para o ritual.

Obs.: Existem terreiros que trabalham com Nação, Umbanda e Quimbanda etc., outros com Umbanda e Quimbanda, outros só com Umbanda e alguns só com Quimbanda. Esse ritual para saúde de Umbanda é destinado para terreiros ou pessoas que trabalhem ou cultuem só Umbanda, até porque se a pessoa tiver Nação com certeza vai fazer com os Orixás.

Esse ritual pode ser feito a qualquer Entidade ou Caboclo de sua preferência, inclusive para Cosme e Damião caso seja criança, ou até mesmo para os seus. Sempre cuidando a cor da vela e do papel, se for o caso, conforme a Entidade ou Caboclo que você vai direcionar o ritual.

Se você tiver congal em casa, pode ser feito no mesmo.

A pessoa a quem for direcionada o ritual deve, antes de fazê-lo, tomar um banho de descarga para que fique mais receptível ao trabalho.

Se for feito no congal troque a vela comum por uma de sete dias, depois de velado sete dias despache num local adequado conforme a Entidade ou Caboclo que você escolheu para o ritual, sem ritual algum, pois o mesmo já foi velado e está velho. Ou enterre no seu pátio.

Se o trabalho for para outra pessoa, passe a cabeça nela e dê para que ela mesma converse com a cabeça.

Querendo, pode colocar um papel pequeno com os pedidos escritos embaixo da cabeça, discretamente.

Esse ritual não pode ser feito a Oxalá, Oxum e Iemanjá com batatas-inglesas, mas sim com canjicas.

Querendo, para fortalecer ainda mais o ritual na hora cante ou recite um ponto da Entidade que você escolheu para o ritual.

Feitiço para Saúde (2)

Material necessário

- Canjica branca
- 1 bandeja de papelão pequena
- 1 vela comum branca
- 1 caixa de fósforos
- Papel de seda branco ou folhas de mamoneiro
- Mel
- Uma caixa de algodão

Modo de fazer

Cozinhe a canjica bem cozida. Escorra bem o líquido e ainda quente amasse com uma colher ou com o fundo de uma xícara ou copo formando um purê.

Depois, com as mãos forme (molde) um apeté em forma de uma bola como se fosse uma cabeça.

Depois de pronta, coloque na bandeja que já deve estar forrada com o papel de seda ou folhas de mamoneiro, e com o dedo minguinho faça um furo de cada lado da bola como se fossem as orelhas; faça mais dois furos um pouco separados um do outro na frente como se fossem os olhos; abaixo dos olhos faça mais dois furos juntos como se fossem o nariz e abaixo do nariz um furo como se fosse a boca.

Pinte essa cabeça com o mel, usando o dedo como pincel.

Forre a parte de trás, os lados e a parte de cima da cabeça com algodão como se fossem os cabelos da cabeça, livrando a frente dela, ou seja, o rosto.

Faça tudo com o pensamento positivo, com fé e fazendo seu pedido a Oxalá.

Leve a bandeja com a vela para o local que você vai fazer o ritual: praia, mar ou local que tenha água etc.

Chegando ao local peça licença e escolha um local limpo para realizar o ritual.

Passe a bandeja no corpo, ajoelhe-se e levante a bandeja com a cabeça na altura da sua com os furos dos olhos olhando para os seus e os seus olhos olhando para os olhos da cabeça. Converse com ela como se estivesse conversando com Oxalá, e faça seus pedidos chamando-o pelo nome.

Arrie a bandeja no chão e acenda a vela ao lado, não muito próxima para evitar que caia e pegue fogo na bandeja. Deixe a caixa de fósforos semiaberta com a cabeça dos palitos para fora.

Reforce o pedido a Oxalá e saia dando alguns passos para trás de frente para o ritual, ou seja, sem virar as costas de imediato para o ritual.

Feitiços, Magias e Mirongas | 81

Obs.: Existem terreiros que trabalham com Nação, Umbanda e Quimbanda etc., outros com Umbanda e Quimbanda, outros só com Umbanda e alguns só com Quimbanda. Esse ritual para saúde de Umbanda é destinado para terreiros ou pessoas que trabalhem ou cultuem só Umbanda, até porque se a pessoa tiver Nação com certeza vai fazer com os Orixás.

Se você tiver congal em casa, pode ser feito no mesmo.

A pessoa a quem for direcionada o ritual deve, antes de fazê-lo, tomar um banho de descarga para que fique mais receptível ao trabalho.

Se for feito no congal troque a vela comum por uma de sete dias, depois de velado sete dias despache num local adequado conforme ensinado acima, sem ritual algum, pois o mesmo já foi velado e está velho, ou enterre no seu pátio.

Se o trabalho for para outra pessoa, passe a cabeça nela e dê para que ela mesma converse com a cabeça.

Querendo, pode colocar um papel pequeno com os pedidos escritos embaixo da cabeça, discretamente.

Querendo, para fortalecer ainda mais o ritual na hora cante ou recite um ponto de Oxalá.

"Oxalá, meu Pai
Oxalá, meu Pai
Quem é seu filho de fé
Balanceia, mas não cai."

Feitiço para Saúde (3)

Material necessário

- Canjica amarela
- 1 bandeja de papelão pequena
- 1 vela comum amarela
- 1 caixa de fósforos
- Papel de seda amarelo ou folhas de mamoneiro
- Mel
- Uma caixa de algodão

Modo de fazer

Cozinhe a canjica bem cozida. Escorra bem o líquido e ainda quente amasse com uma colher ou com o fundo de uma xícara ou copo formando um purê.

Depois, com as mãos forme (molde) um apeté em forma de uma bola como se fosse uma cabeça.

Depois de pronta, coloque na bandeja que já deve estar forrada com o papel de seda ou folhas de mamoneiro, e com o dedo minguinho faça um furo de cada lado da bola como se fossem as orelhas; faça mais dois furos um pouco separados um do outro na frente como se fossem os olhos; abaixo dos olhos faça mais dois furos juntos como se fossem o nariz e abaixo do nariz um furo como se fosse a boca.

Pinte essa cabeça com o mel, usando o dedo como pincel.

Forre a parte de trás, os lados e a parte de cima da cabeça com algodão como se fossem os cabelos da cabeça, livrando a frente dela, ou seja, o rosto.

Faça tudo com o pensamento positivo, com fé e fazendo seu pedido a Oxum.

Leve a bandeja com a vela para o local que você vai fazer o ritual: praia, rio, riacho, cachoeira etc.

Chegando ao local peça licença e escolha um local limpo para realizar o ritual.

Passe a bandeja no corpo, ajoelhe-se e levante a bandeja com a cabeça na altura da sua com os furos dos olhos olhando para os seus e os seus olhos olhando para os olhos da cabeça. Converse com ela como se estivesse conversando com Oxum, e faça seus pedidos chamando-a pelo nome.

Arrie a bandeja no chão e acenda a vela ao lado, não muito próxima para evitar que caia e pegue fogo na bandeja.

Deixe a caixa de fósforos semiaberta com a cabeça dos palitos para fora.

Reforce o pedido a Oxum e saia dando alguns passos para trás de frente para o ritual, ou seja, sem virar as costas de imediato para o ritual.

Obs.: Existem terreiros que trabalham com Nação, Umbanda e Quimbanda etc., outros com Umbanda e Quimbanda, outros só com Umbanda e alguns só com Quimbanda. Esse ritual para saúde de Umbanda é destinado para terreiros ou pessoas que trabalhem ou cultuem só Umbanda, até porque se a pessoa tiver Nação com certeza vai fazer com os Orixás.

Se você tiver congal em casa, pode ser feito no mesmo.

A pessoa a quem for direcionada o ritual deve, antes de fazê-lo, tomar um banho de descarga para que fique mais receptível ao trabalho.

Se for feito no congal troque a vela comum por uma de sete dias, depois de velado sete dias despache num local adequado conforme ensinado acima sem ritual algum, pois o mesmo já foi velado e está velho. Ou enterre no seu pátio.

Se o trabalho for para outra pessoa, passe a cabeça nela e dê para que ela mesma converse com a cabeça.

Querendo, pode colocar um papel pequeno com os pedidos escritos embaixo da cabeça, discretamente.

Querendo, para fortalecer ainda mais o ritual na hora cante ou recite um ponto de Oxum.

"Me leva nas ondas grandes
Eu quero ver a Oxum passa
Aí vem Oxum, aí vem Oxum Nanã
Linda seria do mar
Linda seria do mar."

Feitiço para Saúde (4)

Material necessário

- Canjica branca
- 1 bandeja de papelão pequena
- 1 vela comum branca
- 1 caixa de fósforos
- Papel de seda branco ou folhas de mamoneiro
- Mel
- Uma caixa de algodão

Modo de fazer

Cozinhe a canjica bem cozida. Escorra bem o líquido e ainda quente amasse com uma colher ou com o fundo de uma xícara ou copo formando um purê.

Depois, com as mãos forme (molde) um apeté em forma de uma bola como se fosse uma cabeça.

Depois de pronta, coloque na bandeja que já deve estar forrada com o papel de seda ou folhas de mamoneiro, e com o dedo minguinho faça um furo de cada lado da bola como se fossem as orelhas; faça mais dois furos um pouco separados um do outro na frente como se fossem os olhos; abaixo dos olhos faça mais dois furos juntos como se fossem o nariz e abaixo do nariz um furo como se fosse a boca.

Pinte essa cabeça com o mel, usando o dedo como pincel.

Forre a parte de trás, os lados e a parte de cima da cabeça com algodão como se fossem os cabelos da cabeça, livrando a frente dela, ou seja, o rosto.

Faça tudo com o pensamento positivo, com fé e fazendo seu pedido a Iemanjá.

Leve a bandeja com a vela para o local que você vai fazer o ritual: praia, mar ou local que tenha água etc.

Chegando ao local peça licença e escolha um local limpo para realizar o ritual.

Passe a bandeja no corpo, ajoelhe-se e levante a bandeja com a cabeça na altura da sua com os furos dos olhos olhando para os seus e os seus olhos olhando para os olhos da cabeça. Converse com ela como se estivesse conversando com Iemanjá, e faça seus pedidos chamando-a pelo nome.

Arrie a bandeja no chão e acenda a vela ao lado, não muito próxima para evitar que caia e pegue fogo na bandeja.

Deixe a caixa de fósforos semiaberta com a cabeça dos palitos para fora.

Reforce o pedido a Iemanjá e saia dando alguns passos para trás de frente para o ritual, ou seja, sem virar as costas de imediato para o ritual.

Obs.: Existem terreiros que trabalham com Nação, Umbanda e Quimbanda etc., outros com Umbanda e Quimbanda, outros só com Umbanda e alguns só com Quimbanda. Esse ritual para saúde de Umbanda é destinado para terreiros ou pessoas que trabalhem ou cultuem só Umbanda, até porque se a pessoa tiver Nação com certeza vai fazer com os Orixás.

Se você tiver congal em casa, pode ser feito no mesmo.

A pessoa a quem for direcionada o ritual deve, antes de fazê-lo tomar um banho de descarga para que fique mais receptível ao trabalho.

Se for feito no congal troque a vela comum por uma de sete dias, depois de velado sete dias despache num local adequado conforme ensinado acima, sem ritual algum, pois o mesmo já foi velado e está velho. Ou enterre no seu pátio.

Se o trabalho for para outra pessoa, passe a cabeça nela e dê para que ela mesma converse com a cabeça.

Querendo, pode colocar um papel pequeno com os pedidos escritos embaixo da cabeça, discretamente.

Querendo, para fortalecer ainda mais o ritual na hora cante ou recite um ponto de Iemanjá.

> *"Seu barquinho está no mar*
> *Aí vamos remar*
> *Seu barquinho está no mar*
> *Aí vamos remar*

Chegou a mãe Iemanjá
Para todos mal leva
Chegou a mãe Iemanjá
Para todos mal leva."

Feitiço para Fazer um Pedido a Jurema

Material necessário

- Uma caixa de fósforos
- Uma vela comum bicolor branca e verde
- Uma rosa branca
- Um perfume de alfazema

Modo de fazer

Leve todo o material para as margens de um rio, cachoeira, ou praia de água doce.

Chegando ao local escolha um lugar limpo nas margens do rio para arriar o ritual.

Próximo à água acenda a vela e deixe a caixa de fósforos semiaberta com a cabeça dos palitos para fora. Ao lado da vela coloque a rosa branca.

Jogue o perfume de alfazema por cima da rosa e o restante na água.

Faça tudo isso com bastante fé e pensamento positivo no que você deseja.

Molhe as suas mãos e fontes na água.

Reforce o pedido à Jurema e saia dando alguns passos para trás de frente para o ritual, ou seja, sem virar as costas de imediato para o ritual.

Esse ritual pode ser feito a qualquer Cabocla de mata.

Ao chegar em casa, se possível tome um banho de ervas com mel e perfume.

Obs.: Com exceção da caixa de fósforos, todos os materiais podem ser passados no corpo da pessoa em casa ou até mesmo no local na hora da entrega, fazendo os pedidos.

Se você tiver congal de Umbanda em casa, pode ser feito no mesmo, trocando a vela comum por uma vela de sete dias da mesma cor. O resto segue igual, e depois de queimar a vela de sete dias despache tudo num dos locais citados acima sem ritual algum, pois o mesmo já foi velado e está velho. Ou enterre no seu pátio.

Pode ser uma vela branca ou sete, uma rosa branca ou sete, fica a seu critério dependendo das suas posses.

Se for colocar papel com nomes ou pedidos, coloque dobradinho discretamente dentro da rosa.

Nesse caso, na hora da entrega repita várias vezes o nome dessa pessoa.

Se preferir, para fortalecer ainda mais o feitiço, na hora cante ou recite o ponto abaixo ou escolha um de sua preferência.

"O Jurema o Jureminha
Tu és a rainha do congal
E ela vem girando na Umbanda
Girando, girando
Na linha de nagô."

Feitiço para Fazer um Pedido a Oxum

Material necessário

- Uma caixa de fósforos
- Uma vela comum amarela
- Uma rosa amarela
- Um perfume de alfazema

Modo de fazer

Leve todo o material para as margens de um rio, cachoeira ou praia de água doce.

Chegando ao local escolha um lugar limpo nas margens do rio para arriar o ritual.

Próximo à água acenda a vela amarela e deixe a caixa de fósforos semiaberta com a cabeça dos palitos para fora. Ao lado da vela coloque a rosa amarela.

Jogue o perfume de alfazema por cima da rosa e o restante na água.

Faça tudo isso com bastante fé e pensamento positivo no que você deseja.

Molhe as suas mãos e fontes na água.

Reforce o pedido a Oxum e saia dando alguns passos para trás de frente para o ritual, ou seja, sem virar as costas de imediato para o ritual.

Ao chegar em casa, se possível tome um banho de ervas com mel e perfume.

Obs.: Com exceção da caixa de fósforos, todos os materiais podem ser passados no corpo da pessoa em casa ou até mesmo no local na hora da entrega, fazendo os pedidos.

Se você tiver congal de Umbanda em casa, pode ser feito no mesmo, trocando a vela comum por uma vela de sete dias da mesma cor. O resto segue igual, e depois de queimar a vela de sete dias despache tudo num dos locais citados acima sem ritual algum, pois o mesmo já foi velado e está velho, ou enterre no seu pátio.

Pode ser uma vela amarela ou sete, uma rosa amarela ou sete, fica a seu critério dependendo das suas posses.

Se for colocar papel com nomes ou pedidos, coloque dobradinho discretamente dentro da rosa.

Nesse caso, na hora da entrega repita várias vezes o nome dessa pessoa.

Se preferir, para fortalecer ainda mais o feitiço, na hora cante ou recite o ponto abaixo ou escolha um de sua preferência.

"Oxum a mamãe Oxum
Ela é Oxum, ela é Orixá
Em seu barquinho vem navegar
Em seu barquinho ela é Orixá."

Feitiço para Fazer um Pedido a Oxalá

Material necessário

- Uma caixa de fósforos
- Uma vela comum branca
- Uma rosa branca
- Um perfume de alfazema

Modo de fazer

Leve todo o material para as margens do mar, ou de um rio, cachoeira ou praia.

Chegando ao local escolha um lugar limpo para arriar o ritual.

Próximo à água acenda a vela branca e deixe a caixa de fósforos semiaberta com a cabeça dos palitos para fora. Ao lado da vela coloque a rosa branca.

Jogue o perfume de alfazema por cima da rosa e o restante na água.

Faça tudo isso com bastante fé e pensamento positivo no que você deseja.

Molhe as suas mãos e fontes na água.

Reforce o pedido a Oxalá e saia dando alguns passos para trás de frente para o ritual, ou seja, sem virar as costas de imediato para o ritual.

Ao chegar em casa, se possível tome um banho de ervas com mel e perfume.

Obs.: Com exceção da caixa de fósforos, todos os materiais podem ser passados no corpo da pessoa em casa ou até mesmo no local na hora da entrega, fazendo os pedidos.

Se você tiver congal de Umbanda em casa, pode ser feito no mesmo, trocando a vela comum por uma vela de sete dias da mesma cor. O resto segue igual, e depois de queimar a vela de sete dias despache tudo num dos locais citados acima sem ritual algum, pois o mesmo já foi velado e está velho, ou enterre no seu pátio.

Pode ser uma vela branca ou sete, uma rosa branca ou sete, fica a seu critério dependendo das suas posses.

Se for colocar papel com nomes ou pedidos, coloque dobradinho discretamente dentro da rosa.

Nesse caso, na hora da entrega repita várias vezes o nome dessa pessoa.

Se preferir, para fortalecer ainda mais o feitiço, na hora cante ou recite o ponto abaixo ou escolha um de sua preferência.

"Meu Pai Oxalá
É o Rei, venha me valer
Meu Pai Oxalá
É o Rei, venha me valer
O velho Omulu
Atotô Baluaê
O velho Omulu
Atotô Baluaê
Atotô Baluaê."

Feitiço para Fazer um Pedido a Iemanjá

Material necessário

- Uma caixa de fósforos
- Uma vela comum azul-clara
- Uma flor dália azul ou rosa branca
- Um perfume de alfazema

Modo de fazer

Leve todo o material para as margens do mar ou de um rio, cachoeira ou praia.

Chegando ao local escolha um lugar limpo para arriar o ritual.

Próximo à água acenda a vela azul e deixe a caixa de fósforos semiaberta com a cabeça dos palitos para fora. Ao lado da vela coloque a dália ou rosa.

Jogue o perfume de alfazema por cima da dália e o restante na água.

Faça tudo isso com bastante fé e pensamento positivo no que você deseja.

Molhe as suas mãos e fontes na água.

Reforce o pedido a Iemanjá e saia dando alguns passos para trás de frente para o ritual, ou seja, sem virar as costas de imediato para o ritual.

Ao chegar em casa, se possível tome um banho de ervas com mel e perfume.

Obs.: com exceção da caixa de fósforos, todos os materiais podem ser passados no corpo da pessoa em casa ou até mesmo no local na hora da entrega, fazendo os pedidos.

Se você tiver congal de Umbanda em casa, pode ser feito no mesmo, trocando a vela comum por uma vela de sete dias da mesma cor. O resto segue igual, e depois de queimar a vela de sete dias despache a dália num dos locais citados acima sem ritual algum, pois o mesmo já foi velado e está velho, ou enterre no seu pátio.

Pode ser uma vela azul ou sete, uma dália ou sete, fica a seu critério dependendo das suas posses.

Se for colocar papel com nomes ou pedidos, coloque dobradinho discretamente dentro da rosa.

Nesse caso, na hora da entrega repita várias vezes o nome dessa pessoa.

Se preferir, para fortalecer ainda mais o feitiço, na hora cante ou recite o ponto abaixo ou escolha um de sua preferência.

"Sereia, Sereia
Sereia rainha do mar
Sereia, Sereia
Sereia rainha do mar
Agô Iemanjá ago rainha do mar
Agô Iemanjá ago rainha do mar."

Feitiço para Fazer um Pedido a Iansã
Material necessário

- Uma caixa de fósforos
- Uma vela comum bicolor vermelha e branca
- Uma rosa vermelha
- Um perfume de alfazema

Modo de fazer

Leve todo o material para uma mata aberta e limpa ou para uma estrada perto de uma mata.

Chegando ao local escolha um lugar limpo para arriar o ritual.

Acenda a vela e deixe a caixa de fósforos semiaberta com a cabeça dos palitos para fora. Ao lado da vela coloque a rosa vermelha.

Jogue o perfume de alfazema por cima da rosa e passe um pouco em suas mãos.

Faça tudo isso com bastante fé e pensamento positivo no que você deseja.

Reforce o pedido a Iansã e saia dando alguns passos para trás de frente para o ritual, ou seja, sem virar as costas de imediato para o ritual.

Ao chegar em casa, se possível tome um banho de ervas com mel e perfume.

Obs.: Com exceção da caixa de fósforos, todos os materiais podem ser passados no corpo da pessoa em casa ou até mesmo no local na hora da entrega, fazendo os pedidos.

Se você tiver congal de Umbanda em casa, pode ser feito no mesmo, trocando a vela comum por uma vela de sete dias da mesma cor. O resto segue igual, e depois de queimar a vela de sete dias despache tudo num dos locais citados acima sem ritual algum, pois o mesmo já foi velado e está velho, ou enterre no seu pátio.

Pode ser uma vela vermelha e branca ou sete, uma rosa vermelha ou sete, fica a seu critério dependendo das suas posses.

Se for colocar papel com nomes ou pedidos, coloque dobradinho discretamente dentro da rosa.

Nesse caso, na hora da entrega repita várias vezes o nome dessa pessoa.

Se preferir, para fortalecer ainda mais o feitiço, na hora cante ou recite o ponto abaixo ou escolha um de sua preferência.

"Iansã nossa mãe Santa Bárbara
Ela é a rainha de Umbanda
Aue, aue, aue a mamãe Iansã
Segura sua gira que eu quero ver."

Feitiço para Arrumar Emprego com Xangô

Material necessário

- 12 quiabos
- Mel
- Papel de seda marrom ou folhas de bananeira ou mamoneiro
- Uma bandeja de papelão pequena
- Uma vela comum marrom
- Uma caixa de fósforos
- Uma garrafa de cerveja preta

Modo de fazer

Forre a bandeja com o papel de seda ou folhas de bananeira ou mamoneiro. Coloque os doze quiabos e por cima um pouco de mel.

Leve todo o material para uma pedreira ou local que tenha algumas pedras.

Chegando ao local escolha um lugar limpo de preferência em cima de uma pedra para arriar o ritual.

Abra a cerveja e vire um pouco no chão saudando e chamando por Xangô e fazendo seu pedido. Deixe a garrafa em pé com o que restou.

Acenda a vela em um lado da cerveja e deixe a caixa de fósforos semiaberta com a cabeça dos palitos para fora.

No outro lado da cerveja coloque a bandeja com os quiabos.

Faça tudo isso com bastante fé e pensamento positivo no que você deseja.

Reforce o pedido a Xangô e saia dando alguns passos para trás de frente para o ritual, ou seja, sem virar as costas de imediato para o ritual.

Ao chegar em casa, se possível tome um banho de ervas com mel e perfume.

Obs.: Essa bandeja e a vela podem ser passados no corpo da pessoa em casa ou até mesmo no local na hora da entrega, fazendo os pedidos.

Se você tiver congal de Umbanda em casa, pode ser feito no mesmo, trocando a vela comum por uma vela de sete dias da mesma cor. O resto segue igual, e depois de queimar a vela de sete dias despache tudo num dos locais citados acima sem ritual algum, pois o mesmo já foi velado e está velho, ou enterre no seu pátio. Nesse caso a garrafa não será enterrada; apenas vire o líquido.

Querendo, pode colocar nomes de pessoas ou pedidos escritos em papel pequeno embaixo dos quiabos, discretamente para que fique livre dos olhos alheios.

Nesse caso, na hora da entrega repita várias vezes o nome dessa pessoa.

Se preferir, para fortalecer ainda mais o feitiço, na hora cante ou recite o ponto abaixo ou escolha um de sua preferência.

"A sua machadinha brilhou
A sua machadinha brilhou
Quem manda lá na mata é Oxóssi
Quem manda na pedreira é xangô."

Feitiço para Acalmar uma Pessoa com Iemanjá

Material necessário

- Uma bandeja média de papelão
- Duas caixas de algodão
- 200 gramas de canjica branca
- Mel
- Papel com o nome e endereço completos da pessoa
- Uma vela comum branca
- Uma caixa de fósforos

Modo de fazer

Cozinhe a canjica na água e um pouco de mel e ponha para escorrer bem o caldo.

Forre a bandeja com uma caixa inteira de algodão.

Coloque o papel com o nome da pessoa no meio da badeja e por cima coloque a canjica.

Coloque um pouco de mel na canjica, não muito, pois a mesma já está doce, e cubra toda por cima com a outra caixa de algodão.

Leve todo o material para um lugar discreto no mar, praia ou local que tenha água.

Chegando ao local escolha um lugar limpo e discreto para arriar o ritual.

Acenda a vela e deixe a caixa de fósforos semiaberta com a cabeça dos palitos para fora.

Ao lado coloque a bandeja com a canjica.

Faça tudo isso com bastante fé e pensamento positivo no que você deseja.

Molhe as suas mãos e fontes na água.

Reforce o pedido a Iemanjá e saia dando alguns passos para trás de frente para o ritual, ou seja, sem virar as costas de imediato para o ritual.

Ao chegar em casa, se possível tome um banho de ervas com mel e perfume.

Obs.: Se você tiver congal de Umbanda em casa, pode ser feito no mesmo, trocando a vela comum por uma vela de sete dias da mesma cor. O resto segue igual, e depois de queimar a vela de sete dias despache tudo num dos locais citados acima sem ritual algum, pois o mesmo já foi velado e está velho, ou enterre no seu pátio.

Se preferir, para fortalecer ainda mais o feitiço, na hora cante ou recite o ponto abaixo ou escolha um de sua preferência.

"Iemanjá é a rainha do mar
Iemanjá é a rainha do mar
Salve o povo de Aruanda
Salve meu pai Oxalá
Salve Ogum e salve Oxóssi
Salve o Ogum Beira-mar."

Feitiço para Encontrar um Amor

Material necessário

- Flores vermelhas
- Um metro de fita vermelha
- Um pente vermelho
- Uma pulseira de aço
- Um espelho vermelho
- Um par de brincos vermelho
- Um vidro de perfume de alfazema ou perfume do amor
- Sete velas comuns bicolores vermelhas e brancas
- Uma caixa de fósforos

Modo de fazer

Leve essas flores com um lindo laço feito com a fita vermelha para uma mata ou estrada perto de uma mata.

Chegando ao local, escolha um lugar limpo e arrie as flores. Na volta das flores coloque a pulseira, o pente, os brincos, o espelho e pulverize o perfume por cima de tudo.

Acenda as velas circulando tudo e deixe a caixa de fósforos semiaberta com a cabeça dos palitos para fora.

Faça uma prece e peça ajuda à Iansã.

Faça isso com bastante fé e pensamento positivo no que você deseja.

Reforce o pedido a Iansã e saia dando alguns passos para trás de frente para o ritual, ou seja, sem virar as costas de imediato para o ritual.

Ao chegar em casa ou no outro dia tome um banho de ervas com mel e perfume.

Obs.: As flores e o resto do material, com exceção a caixa de fósforos, podem ser passados no corpo da pessoa em casa ou até mesmo no local na hora da entrega, fazendo os pedidos.

Se você já tiver algum pretendente escreva o nome do mesmo num papel pequeno, dobre bem miudinho e coloque dentro de uma flor discretamente aos olhos alheios.

Nesse caso, na hora da entrega faça seu pedido, repetindo várias vezes o nome dessa pessoa.

Se você tiver congal de Umbanda em casa, pode ser feito no mesmo, trocando as velas comuns por uma vela de sete dias da mesma cor. O resto segue igual, e depois de queimar a vela de sete dias despache tudo num dos locais citados acima sem ritual algum, pois o mesmo já foi velado e está velho, ou enterre no seu pátio.

Se preferir, para fortalecer ainda mais o feitiço, na hora cante ou recite o ponto abaixo ou escolha um de sua preferência.

"Iansã sentou na pedra
Esperando o Pai Xangô
Veio corisco, veio trovão
Seu patrão não demorou
Quem não pode não demanda
Rei da Umbanda é Pai Xangô."

Feitiço para Sua Vida Andar (1)

Material necessário

- Um barquinho azul
- Uma rosa branca
- Um pente azul
- Uma pulseira prateada
- Um espelho azul
- Um par de brincos azul
- Um sabonete
- Sete moedas quaisquer
- Um vidro de perfume de alfazema
- Uma vela comum azul
- Uma caixa de fósforos

Modo de fazer

Distribua dentro do barquinho todo o material. A pulseira, moedas, o pente, os brincos, o espelho, sabonete e a rosa.

Leve esse barquinho para um mar ou praia.

Chegando ao local, pulverize o perfume por cima de tudo dentro do barquinho.

Acenda a vela azul na beira d'água e deixe a caixa de fósforos semiaberta com a cabeça dos palitos para fora ao lado.

Entre dentro d'água e solte o barquinho saudando, chamando e oferecendo a Iemanjá.

Faça uma prece e peça ajuda a Iemanjá no que você precisa no momento.

Faça isso com bastante fé e pensamento positivo no que você deseja.

Molhe as suas mãos e fontes na água.

Reforce o pedido a Iemanjá e saia dando alguns passos para trás de frente para o ritual, ou seja, sem virar as costas de imediato para o ritual.

Ao chegar em casa ou no outro dia tome um banho de ervas com mel e perfume.

Obs.: A rosa e o resto do material, com exceção a caixa de fósforos, podem ser passados no corpo da pessoa em casa antes de montar o barquinho fazendo os pedidos, inclusive as moedas.

Se você tiver congal de Umbanda em casa, pode ser feito no mesmo, trocando a vela comum por uma vela de sete dias da mesma cor. O resto segue igual, e depois de queimar a vela de sete dias despache o barquinho num dos locais citados acima.

Querendo, pode colocar nomes de pessoas ou pedidos escritos em papéis pequenos no barquinho num lugar discreto aos olhos alheios.

O barquinho e o resto do material você compra em lojas que vendem artigos de Umbanda.

Se preferir, para fortalecer ainda mais o feitiço, na hora cante ou recite o ponto abaixo ou escolha um de sua preferência.

"Que lindo é o pisar
Que têm os Caboclos
Pisando na areia
No rastro dos outros

Salve Iemanjá
e salve a Seria
Salve os Caboclos
que pisam na areia."

Feitiço para Sua Vida Andar (2)

Material necessário

- Um barquinho amarelo
- Uma rosa amarela
- Um pente amarelo
- Uma pulseira dourada
- Um espelho amarelo
- Um par de brincos amarelo
- Um sabonete
- Sete moedas quaisquer
- Um vidro de perfume de alfazema
- Uma vela comum amarela
- Uma caixa de fósforos

Modo de fazer

Distribua dentro do barquinho todo o material. A pulseira, as moedas, o pente, os brincos, o espelho, sabonete e a rosa.

Leve esse barquinho para uma praia, rio, riacho ou cachoeira que tenha água corrente.

Chegando ao local, pulverize o perfume por cima de tudo dentro do barquinho.

Acenda a vela amarela na beira d'água e deixe a caixa de fósforos semiaberta com a cabeça dos palitos para fora ao lado.

Entre dentro d'água e solte o barquinho saudando, chamando e oferecendo a Oxum.

Faça uma prece e peça ajuda a Oxum no que você precisa no momento.

Faça isso com bastante fé e pensamento positivo no que você deseja.

Molhe as suas mãos e fontes na água.

Reforce o pedido a Oxum e saia dando alguns passos para trás de frente para o ritual, ou seja, sem virar as costas de imediato para o ritual.

Ao chegar em casa ou no outro dia tome um banho de ervas com mel e perfume.

Obs.: A rosa e o resto do material, com exceção da caixa de fósforos, podem ser passados no corpo da pessoa em casa antes de montar o barquinho fazendo os pedidos, inclusive as moedas.

Se você tiver congal de Umbanda em casa, pode ser feito no mesmo, trocando a vela comum por uma vela de sete dias da mesma cor. O resto segue igual, e depois de queimar a vela de sete dias despache o barquinho num dos locais citados acima.

Querendo, pode colocar nomes de pessoas ou pedidos escritos em papéis pequenos no barquinho num lugar discreto aos olhos alheios.

O barquinho e o resto do material você compra em lojas que vendem artigos de Umbanda.

Se preferir, para fortalecer ainda mais o feitiço, na hora cante ou recite o ponto abaixo ou escolha um de sua preferência.

"A mãe Oxum chorou
Mais depois se alegrou
Mais depois se alegrou
Lere, lere, lere lera
A Mãe Oxum se alegrou."

Feitiço para Ter Sorte
Material necessário

- Sete maças
- Sete rosas brancas
- Sete copos novos
- Um litro de guaraná
- Sete moedas quaisquer
- Um vidro de perfume de alfazema
- Sete velas brancas
- Uma caixa de fósforos

Modo de fazer

Pegue todo o material e dirija-se para um mar, praia, rio, riacho ou cachoeira que tenha água corrente.

Chegando ao local escolha um lugar limpo para arriar o ritual e faça dessa forma: faça um círculo com as rosas, maçãs, moedas com o número para cima e com os copos de guaraná. Faça o círculo intercalando uma rosa, uma maçã, uma moeda e um copo com guaraná, e assim sucessivamente.

Depois de pronto o círculo, pulverize o perfume por cima de tudo.

Seguindo em frente, faça outro círculo por fora com as sete velas brancas acesas deixando esse círculo feito anteriormente por dentro do círculo das velas.

98 | Evandro Mendonça

Deixe a caixa de fósforos semiaberta com a cabeça dos palitos para fora ao lado.

Faça uma prece e peça ajuda aos Encantados da Praia no que você precisa no momento.

Faça isso com bastante fé e pensamento positivo no que você deseja.

Vá até a água, molhe as suas mãos e suas fontes.

Reforce o pedido aos Encantados da Praia e saia dando alguns passos para trás de frente para o ritual, ou seja, sem virar as costas de imediato para o ritual.

Ao chegar em casa ou no outro dia tome um banho de ervas com mel e perfume.

Obs.: Com exceção do guaraná e da caixa de fósforos, todos os materiais podem ser passados no corpo da pessoa em casa antes de sair para a realização do ritual fazendo os pedidos. Inclusive as moedas.

Se você tiver congal de Umbanda em casa, pode ser feito no mesmo, depois de queimar as velas comuns acenda uma vela de sete dias da mesma cor. O resto segue igual, e depois de queimar a vela de sete dias despache tudo num dos locais citados acima sem ritual algum, pois o mesmo já foi velado e está velho.

Querendo, pode colocar nomes de pessoas ou pedidos escritos em papéis pequenos, dobrados bem miudinhos dentro das rosas discretamente aos olhos alheios.

Se preferir, para fortalecer ainda mais o feitiço, na hora cante ou recite o ponto abaixo ou escolha um de sua preferência.

"E a marola lá do mar
Aí vem rolando
É o povo da Iemanjá
Que aí vem chegando."

Feitiço para Encantar uma Pessoa
Material necessário

- Uma tigela de louça branca ou transparente média
- 14 moranguinhos
- Leite

- Mel
- Ovos
- Sete velas brancas
- Uma caixa de fósforos

Modo de fazer

Bata no liquidificador os moranguinhos com um pouco de leite e 8 colheres de mel. Após coloque na tigela de louça. Não encha muito.

Por cima coloque o papel com o nome da pessoa ou com os pedidos.

Bata algumas claras de ovos e faça uma neve.

Por último, cubra tudo com essa neve.

Pegue a tigela, velas e a caixa de fósforos e dirija-se para um mar, praia, rio ou riacho lugar que tenha água corrente.

Chegando ao local escolha um lugar limpo para arriar o ritual e faça dessa forma: faça um buraco pequeno que caiba certinho a tigela dentro e que fique ao mesmo nível do local, ou seja, sem enterrar muito. E ajeite bem a tigela com terra ou areia nas bordas. Cuidado para não cair terra ou areia dentro da tigela.

Após circule a tigela com as sete velas brancas acesas e deixe a caixa de fósforos semiaberta com a cabeça dos palitos para fora ao lado.

Faça uma prece e peça ajuda às Sereias no que você deseja no momento e se for do seu merecimento, que você possa ser atendida (o).

Faça isso com bastante fé e pensamento positivo no que você deseja.

Vá até a água, molhe as suas mãos e suas fontes.

Reforce o pedido às Sereias e saia dando alguns passos para trás de frente para o ritual, ou seja, sem virar as costas de imediato para o ritual.

Ao chegar em casa ou no outro dia tome um banho de ervas com mel e perfume.

Obs.: De forma delicada, essa tigela e as velas podem ser passadas no corpo da pessoa em casa antes de sair para a realização do ritual fazendo os pedidos.

Se você tiver congal de Umbanda em casa, pode ser feito no mesmo, depois de queimar as velas comuns acenda uma vela de sete dias da mesma cor. O resto segue igual, e depois de queimar a vela de sete dias despache tudo num dos locais citados acima sem ritual algum, pois o mesmo já foi velado e está velho, ou enterre no seu pátio. Nesse caso a vasilha não se enterra; apenas vire o conteúdo.

Se preferir, para fortalecer ainda mais o feitiço, na hora cante ou recite o ponto abaixo ou escolha um de sua preferência.

"Iemanjá
Oh Iemanjá
Seus filhos vêm trabalhar
Salve a Sereia
Proteção da falange do mar."

Feitiço para Trazer a Pessoa de Volta

Material necessário

- Um peixe de bom tamanho
- Uma bandeja de papelão que caiba o peixe
- Papel de seda azul ou folhas de mamoneiro
- Uma garrafa de cachaça ou rum

- Sete metades de limão
- Farinha de milho grossa
- Temperos verdes
- Sete velas azuis
- Uma caixa de fósforos
- Papel com o nome da pessoa

Modo de fazer

Asse no forno do fogão o peixe com bastantes temperos verdes e outros à vontade.

Enfeite a bandeja com os papéis de seda ou folhas de mamoneiro.

Coloque a farinha de milho espalhada na bandeja e por cima o peixe assado.

Coloque na boca do peixe bem escondido o nome da pessoa e endereço completos, escritos sete vezes num papel pequeno.

Na volta do peixe coloque as sete metades de limão.

Pegue a bandeja e o resto do material e dirija-se para o mar, praia, rio ou riacho que tenha água corrente.

Chegando ao local escolha um lugar limpo para arriar o ritual e faça dessa forma: arrie a bandeja no chão pertinho da água.

Abra a garrafa de cachaça ou rum e vire um pouco no chão saudando e chamando pelos marinheiros ou por um marinheiro de sua preferência fazendo o pedido.

Deixe a garrafa com o que restou em pé de um lado da bandeja.

Acenda as velas circulando a bandeja e a cachaça não muito próximas para evitar que caia e pegue fogo na bandeja, e deixe a caixa de fósforos semiaberta com a cabeça dos palitos para fora ao lado.

Feitiços, Magias e Mirongas | 101

Faça uma prece e peça ajuda aos marinheiros ou ao marinheiro de sua preferência no que você deseja no momento e se for do seu merecimento, que você possa ser atendida (o).

Faça isso com bastante fé e pensamento positivo no que você deseja.

Vá até a água, molhe as suas mãos e suas fontes.

Reforce o pedido aos marinheiros e saia dando alguns passos para trás de frente para o ritual, ou seja, sem virar as costas de imediato para o ritual.

Ao chegar em casa ou no outro dia tome um banho de ervas com mel e perfume.

Obs.: Essa bandeja e as velas podem ser passadas no corpo da pessoa em casa antes de sair para a realização do ritual fazendo os pedidos, ou até mesmo no local na hora de realizar a entrega.

Se você tiver congal de Umbanda em casa, pode ser feito no mesmo, depois de queimar as velas comuns acenda uma vela de sete dias da mesma cor. O resto segue igual, e depois de queimar a vela de sete dias despache tudo num dos locais citados acima sem ritual algum, pois o mesmo já foi velado e está velho, ou enterre no seu pátio. Nesse caso a garrafa não se enterra; apenas vire o líquido.

Se preferir, para fortalecer ainda mais o feitiço, na hora cante ou recite o ponto abaixo ou escolha um de sua preferência.

"Eu não sou daqui
Marinheiro sou
Eu não tenho amor
Marinheiro sou
Eu sou da Bahia
Marinheiro sou
De São Salvador

Marinheiro marinheiro
Marinheiro sou
Quem te ensinou a nadar?
Marinheiro sou
Ou foi o tombo do navio
Marinheiro sou
Ou foi o balanço do mar

Marinheiro sou
Lá vem lá vem
Marinheiro sou
Ele vem faceiro
Marinheiro sou
Todo de branco
Marinheiro sou
Com seu bonezinho."

Feitiço para Afastar Espíritos do Corpo da Pessoa (1)

Material necessário

• Sete varas de marmelo ou cambuí

Modo de fazer

Pegue as sete varas de marmelo juntas na mesma mão e bata no corpo da pessoa como se você estivesse dando uma surra nela.

Bata na frente, lados e costas da pessoa e também no chão. Vá batendo no corpo e no chão juntos.

Durante esse processo vá pedindo à Iansã que afaste todos os espíritos perturbadores, sem luz, maldosos etc. que por um motivo ou outro, seja vingança ou feitiço, estejam acompanhando a pessoa com sentido de prejudicá-la.

Após, essas varas devem ficar embaixo do colchão onde a pessoa dorme. Se for casal deve ficar do lado que a pessoa dorme.

Esse ritual deve ser feito seguidamente conforme a gravidade do caso, ou seja, uma ou duas vezes por semana e após ir melhorando, diminui-se o espaço entre um ritual e outro, até não precisar mais.

Porém, as varas devem permanecer embaixo do colchão por mais um tempo por garantia de não ter uma volta desses espíritos, pois os mesmos têm medo de vara de marmelo, por isso ajuda a afastá-los.

Faça isso tudo com bastante fé e pensamento positivo no que você deseja.

Feito o ritual faça uma prece e peça ajuda a Iansã para que essa pessoa possa ter paz, saúde e tranquilidade a partir desse momento.

A pessoa deve também tomar um banho de ervas (pitangueiras) mel e perfume durante três ou sete dias. O melhor é sete.

Obs.: Esse ritual serve tanto para pessoas adultas quanto crianças.

E se preciso pode ser feito na casa da pessoa com outras sete varas, batendo nas paredes e no chão da casa e deixando as varas de marmelo num lugar discreto perto de uma das portas.

Esse mesmo ritual pode ser feito com sete espadas de Iansã, da mesma forma.

Feitiço para Afastar Espíritos do Corpo da Pessoa (2)

Material necessário

- Sete espadas de São Jorge

Modo de fazer

Pegue as sete espadas de São Jorge juntas na mesma mão e bata no corpo da pessoa como se você estivesse dando uma surra nela.

Bata na frente, lados e costas da pessoa e também no chão. Vá batendo no corpo e no chão juntos.

Durante esse processo vá pedindo a Ogum que afaste todos os espíritos perturbadores, sem luz, maldosos etc. que por um motivo ou outro, seja vingança ou feitiço estejam acompanhando a pessoa com sentido de prejudicá-la.

Após essas espadas devem ficar embaixo do colchão onde a pessoa dorme. Se for casal deve ficar do lado que a pessoa dorme.

Esse ritual deve ser feito seguidamente conforme a gravidade do caso, ou seja, uma ou duas vezes por semana e após ir melhorando diminui-se o espaço entre um ritual e outro, até não precisar mais. Porém, as espadas devem permanecer embaixo do colchão por mais um tempo por garantia de não ter uma volta desses espíritos, pois as mesmas ajudarão a afastá-los caso tenham essa intenção.

Faça isso tudo com bastante fé e pensamento positivo no que você deseja.

Feito o ritual faça uma prece e peça ajuda a Ogum para que essa pessoa possa ter paz, saúde e tranquilidade a partir desse momento.

A pessoa deve também tomar um banho de ervas (pitangueiras) mel e perfume durante três ou sete dias. O melhor é sete.

Obs.: Esse ritual serve tanto para pessoas adultas como crianças.

E se preciso pode ser feito na casa da pessoa com outras sete espadas, batendo nas paredes e no chão da casa e deixando as espadas num lugar discreto perto de uma das portas.

Feitiço para Adoçar a Pessoa (1)

Material necessário

- Uma caixa de fósforos
- Papel com o nome e endereço da pessoa
- Uma tigela amarela ou transparente média
- Quatro gemas de ovos
- Duas velas amarelas
- Mel
- Perfume do amor
- Pétalas de rosas amarelas
- Uma caixa de algodão

Modo de fazer

Escreva num papel sete vezes o nome e endereço completos da pessoa desejada e coloque dentro da tigela com as quatro gemas inteiras por cima dos nomes.

Ponha por cima um pouco de mel, depois perfume e as pétalas de rosas espalhadas por cima de tudo.

Por último, cubra tudo com algodão.

Pegue a tigela e o resto do material e dirija-se para uma praia, rio, cachoeira ou riacho que tenha água corrente.

Chegando ao local escolha um lugar limpo para arriar o ritual e faça dessa forma: arrie a tigela no chão pertinho da água.

Acenda as velas juntinhas uma da outra ao lado da tigela e deixe a caixa de fósforos semiaberta com a cabeça dos palitos para fora ao lado.

Faça uma prece e peça ajuda a Oxum no que você deseja no momento e se for do seu merecimento, que você possa ser atendida (o).

Faça isso com bastante fé e pensamento positivo no que você deseja.

Vá até a água, molhe as suas mãos e suas fontes.

Reforce o pedido a Oxum e saia dando alguns passos para trás de frente para o ritual, ou seja, sem virar as costas de imediato para o ritual.

Ao chegar em casa ou no outro dia tome um banho de ervas com mel e perfume.

Obs.: Essa tigela e velas podem ser passadas no corpo da pessoa em casa antes de sair para a realização do ritual fazendo os pedidos, ou até mesmo no local na hora de realizar a entrega.

Se você tiver congal de Umbanda em casa, pode ser feito no mesmo, depois de queimar as velas comuns acenda uma vela de sete dias da mesma cor. O resto segue igual, e depois de queimar a vela de sete dias despache tudo num dos locais citados acima sem ritual algum, pois o mesmo já foi velado e está velho. Ou enterre no seu pátio. Nesse caso a vasilha não se enterra apenas; vire o conteúdo.

A tigela de vidro pode ser substituída por uma bandeja média forrada com papel de seda amarelo ou folhas de mamoneiro.

Se preferir, para fortalecer ainda mais o feitiço, na hora cante ou recite o ponto abaixo ou escolha um de sua preferência.

"Eu vi mamãe Oxum na cachoeira
Sentada na beira do rio
Colhendo lírios, lírios ê
Colhendo lírios, lírios á
Colhendo lírios pra enfeitar nosso Congá
Mais era ela, nossa senhora
Esperando Ogum para jurar bandeira."

Feitiço para Adoçar a Pessoa (2)

Material necessário

- Um quilo de batata doce
- Mel
- Sete colheres de sopa de açúcar cristal
- Duas velas bicolores vermelhas e brancas
- Uma caixa de fósforos
- Papel com o nome e endereço da pessoa
- Uma travessa de vidro
- Perfume do amor
- Pétalas de rosas vermelhas

Modo de fazer

Cozinhe a batata doce, ainda quente, descasque-as e amasse numa vasilha qualquer com o açúcar junto e um pouco de mel formando um purê.

Após, molde com suas mãos esse purê em forma de um coração, e já com o papel escrito o nome da pessoa dentro desse coração.

Faça o coração enquanto o purê ainda estiver quente.

Coloque o coração na travessa. Jogue um pouco de perfume por cima do coração e depois coloque espalhadas na travessa por cima de tudo as pétalas de rosas.

Pegue a travessa e o resto do material e dirija-se para uma mata ou estrada perto de uma mata.

Chegando ao local escolha um lugar limpo para arriar o ritual e faça dessa forma: arrie a travessa no chão.

Acenda as velas juntinhas uma da outra cravadas bem no meio do coração e deixe a caixa de fósforos semiaberta com a cabeça dos palitos para fora ao lado.

Faça uma prece e peça ajuda a Iansã no que você deseja no momento e se for do seu merecimento, que você possa ser atendida (o).

Faça isso com bastante fé e pensamento positivo no que você deseja.

Reforce o pedido a Iansã e saia dando alguns passos para trás de frente para o ritual, ou seja, sem virar as costas de imediato para o ritual.

Ao chegar em casa ou no outro dia tome um banho de ervas com mel e perfume.

Obs.: Essa travessa e velas podem ser passadas no corpo da pessoa em casa antes de sair para a realização do ritual fazendo os pedidos, ou até mesmo no local na hora de realizar a entrega.

Se você tiver congal de Umbanda em casa, pode ser feito no mesmo, depois de queimar as velas comuns acenda uma vela de sete dias da mesma cor. O resto segue igual, e depois de queimar a vela de sete dias despache tudo num dos locais citados acima sem ritual algum, pois o mesmo já foi velado e está velho.

A travessa de vidro pode ser substituída por uma bandeja média forrada com papel de seda vermelho e branco ou folhas de mamoneiro.

Se preferir, para fortalecer ainda mais o feitiço, na hora cante ou recite o ponto abaixo ou escolha um de sua preferência.

"Iansã Orixá de Umbanda
Rainha do nosso congá
Saravá Iansã! Lá na Aruanda, eparrei, eparrei,
Iansã venceu demanda
saravá Iansã saravá pai xangô
No céu trovão roncou
E lá nas matas um leão roncou
Saravá Iansã saravá Xangô."

Feitiço para Prender a Pessoa Amada (1)

Material necessário

- Um abafador de barro com tampa que caiba a pera dentro
- Uma pera ou maçã verde bem bonita
- Palha da costa ou fita amarela. Um metro.
- Mel
- Duas gemas de ovos
- Farinha de milho média
- Uma vela comum amarela
- Uma caixa de fósforos
- Nome e endereço da pessoa

Modo de fazer

Faça uma farofa crua com a farinha de milho, as gemas e um pouco de mel de maneira que fique bem soltinha e separe.

Parta a pera ou a maçã ao meio, sem chegar no final no sentido vertical, de forma que não separe as duas partes.

Desenhe um coração pequeno num papel ou tecido amarelo.

Recorte esse coração e escreva nele o nome da pessoa amada ou desejada com o seu nome por cima.

Coloque este coração dentro da pera entre as duas partes. Amarre-a toda a pera com a palha da costa ou fita amarela.

Ponha dentro do abafador de barro e cubra até o final com a farofa e tampe o abafador com a tampa.

Pegue o abafador a vela e dirija-se para uma praia, rio, cachoeira ou riacho que tenha água corrente.

Chegando ao local escolha um lugar limpo para arriar o ritual e faça dessa forma: faça um buraco no chão perto da água e enterre o abafador. Tape o buraco e acenda a vela em cima e deixe a caixa de fósforos semiaberta com a cabeça dos palitos para fora ao lado.

Faça uma prece e peça ajuda a Oxum no que você deseja no momento e se for do seu merecimento, que você possa ser atendida (o).

Faça isso com bastante fé e pensamento positivo no que você deseja.

Vá até a água, molhe as suas mãos e suas fontes.

Reforce o pedido a Oxum e saia dando alguns passos para trás de frente para o ritual, ou seja, sem virar as costas de imediato para o ritual.

Ao chegar em casa ou no outro dia tome um banho de ervas com mel e perfume.

Obs.: Esse abafador e a vela podem ser passadas no corpo da pessoa em casa antes de sair para a realização do ritual fazendo os pedidos, ou até mesmo no local na hora de realizar a entrega.

Se você tiver congal de Umbanda em casa, pode ser feito no mesmo, trocando a vela comum por uma vela de sete dias da mesma cor. O resto segue igual, e depois de queimar a vela de sete dias despache tudo num dos locais citados acima como foi ensinado sem ritual algum, pois o mesmo já foi velado e está velho, ou enterre no seu pátio.

Se preferir, para fortalecer ainda mais o feitiço, na hora cante ou recite o ponto abaixo ou escolha um de sua preferência.

"Mamãe Oxum mamãe Oxum lá do infinito
Ai vem ouvir ai vem ouvir o nosso planto
Nós te adoramos com amor e com carinho
Na esperança de cobrir com vosso manto
Baixai, baixai o virgem santa idolatrada
Filhos de Umbanda é quem voz pede a benção
Iluminai com vossa luz nossos caminhos
Na esperança de cumprir nossa missão."

Feitiço para Prender a Pessoa Amada (2)

Material necessário

- Um abafador de barro com tampa que caiba a maçã
- Uma maçã vermelha bem bonita
- Palha da costa ou fita vermelha. Um metro.
- Mel
- Pétalas de rosa vermelha
- Perfume do amor ou alfazema
- Uma vela comum vermelha
- Uma caixa de fósforos
- Nome e endereço da pessoa

Modo de fazer

Parta maçã ao meio, sem chegar no final no sentido vertical, de forma que não separe as duas partes.

Desenhe um coração pequeno num papel ou tecido vermelho. Recorte esse coração e escreva nele o nome da pessoa amada ou desejada com o seu nome por cima.

Coloque este coração dentro da maçã entre as duas partes. Amarre-a toda a maçã com a palha da costa ou fita vermelha.

Ponha a maçã dentro do abafador de barro e cubra até o final com o mel.

Após coloque as pétalas de rosa e um pouco de perfume por cima e tampe o abafador com a tampa.

Pegue o abafador a vela e dirija-se para uma mata ou estrada perto de uma mata ou em último caso numa praça que tenha árvores.

Chegando ao local escolha um lugar limpo para arriar o ritual e faça dessa forma: faça um buraco no chão e enterre o abafador. Tape o buraco e acenda a vela em cima e deixe a caixa de fósforos semiaberta com a cabeça dos palitos para fora ao lado.

Faça uma prece e peça ajuda a Iansã no que você deseja no momento e se for do seu merecimento, que você possa ser atendida (o).

Faça isso com bastante fé e pensamento positivo no que você deseja.

Reforce o pedido a Iansã e saia dando alguns passos para trás de frente para o ritual, ou seja, sem virar as costas de imediato para o ritual.

Ao chegar em casa ou no outro dia tome um banho de ervas com mel e perfume.

Obs.: Esse abafador e a vela podem ser passadas no corpo da pessoa em casa antes de sair para a realização do ritual fazendo os pedidos, ou até mesmo no local na hora de realizar a entrega.

Se você tiver congal de Umbanda em casa, pode ser feito no mesmo, trocando a vela comum por uma vela de sete dias da mesma cor. O resto segue igual, e depois de queimar a vela de sete dias despache tudo num dos locais citados acima como foi ensinado sem ritual algum, pois o mesmo já foi velado e está velho, ou enterre no seu pátio.

Se preferir, para fortalecer ainda mais o feitiço, na hora cante ou recite o ponto abaixo ou escolha um de sua preferência.

"A Iansã é rainha de Umbanda
Mais ela é dona do seu Jacutá
Oh, Eparrei, Eparrei, Eparrei
Oh mamãe de Aruanda
Segura o terreiro
Que eu quero ver."

Feitiço para Prender a Pessoa Amada (3)

Material necessário

- Uma bandeja média
- Papel de seda amarelo ou folhas de mamoneiro
- Sete maçãs verdes
- Açúcar mascavo
- Perfume de alfazema
- Mel
- Uma vela amarela
- Uma caixa de fósforos
- Sete papéis com o nome e endereço da pessoa

Modo de fazer

Decore a bandeja com o papel de seda ou folhas de mamoneiro

Parta as maçãs ao meio, sem chegar no final no sentido vertical, de forma que não separe as duas partes.

Coloque os papéis com o nome escrito da pessoa e o seu nome escrito por cima, dentro de cada maçã, entre as duas partes.

Ponha as maçãs na bandeja, coloque um pouco de mel por cima, pulverize com o açúcar mascavo e perfume por cima de tudo.

Pegue a bandeja a vela e dirija-se para uma praia, rio, cachoeira ou riacho que tenha água corrente.

Chegando ao local escolha um lugar limpo para arriar o ritual e faça dessa forma: arrie a bandeja no chão perto da água e acenda a vela ao lado não muito próxima para evitar que caia e pegue fogo na bandeja.

Deixe a caixa de fósforos semiaberta com a cabeça dos palitos para fora ao lado.

Faça uma prece e peça ajuda a Oxum no que você deseja no momento e se for do seu merecimento, que você possa ser atendida (o).

Faça isso com bastante fé e pensamento positivo no que você deseja.

Vá até a água, molhe as suas mãos e suas fontes.

Reforce o pedido a Oxum e saia dando alguns passos para trás de frente para o ritual, ou seja, sem virar as costas de imediato para o ritual.

Ao chegar em casa ou no outro dia tome um banho de ervas com mel e perfume.

Obs.: Essa bandeja e a vela podem ser passadas no corpo da pessoa em casa antes de sair para a realização do ritual fazendo os pedidos, ou até mesmo no local na hora de realizar a entrega.

Se você tiver congal de Umbanda em casa, pode ser feito no mesmo, trocando a vela comum por uma vela de sete dias da mesma cor. O resto segue igual, e depois de queimar a vela de sete dias despache tudo num dos locais citados acima como foi ensinado sem ritual algum, pois o mesmo já foi velado e está velho, ou enterre no seu pátio.

Se preferir, para fortalecer ainda mais o feitiço, na hora cante ou recite o ponto abaixo ou escolha um de sua preferência.

"A Lua vem surgindo
Por detrás da cachoeira
Arerê mamãe Oxum...
Arerê Oxumaré."

Feitiço para Prender a Pessoa Amada (4)

Material necessário

- Sete quindins
- Duas bandejas médias
- Uma caixa de algodão
- Perfume do amor ou alfazema
- Mel
- Sete espinhos de laranjeiras
- Uma vela amarela
- Uma caixa de fósforos
- Sete papéis pequenos com o nome e endereço da pessoa
- Sete papéis pequenos com o seu nome e endereço
- Uma fita adesiva larga

Modo de fazer

Forre a bandeja com algodão.

Coloque os quindins juntinhos na bandeja.

Cole com mel um papel com seu nome de frente para outro com o nome da pessoa.

Após coloque esses papéis colados em cima de um quindim e crave um espinho de laranjeira no papel e quindim.

Faça isso com os outros papéis em cada quindim com cada um dos espinhos. Coloque um pouco de mel por cima, e pulverize um pouco de perfume por cima de tudo.

Feito isso, tape tudo com algodão e coloque a outra bandeja por cima, lacrando as duas com a fita adesiva.

Pegue a bandeja a vela e dirija-se para uma praia, rio, cachoeira ou riacho que tenha água corrente.

Chegando ao local escolha um lugar limpo para arriar o ritual e faça dessa forma: faça um buraco no chão perto da água e enterre a bandeja. Tape o buraco e acenda a vela em cima e deixe a caixa de fósforos semiaberta com a cabeça dos palitos para fora ao lado.

Faça uma prece e peça ajuda a Oxum no que você deseja no momento e se for do seu merecimento, que você possa ser atendida (o).

Faça isso com bastante fé e pensamento positivo no que você deseja.

Vá até a água, molhe as suas mãos e suas fontes.

Reforce o pedido a Oxum e saia dando alguns passos para trás de frente para o ritual, ou seja, sem virar as costas de imediato para o ritual.

Ao chegar em casa ou no outro dia tome um banho de ervas com mel e perfume.

Obs.: Essa bandeja e a vela podem ser passadas no corpo da pessoa em casa antes de sair para a realização do ritual fazendo os pedidos, ou até mesmo no local na hora de realizar a entrega.

Se você tiver congal de Umbanda em casa, pode ser feito no mesmo, trocando a vela comum por uma vela de sete dias da mesma cor. O resto segue igual, e depois de queimar a vela de sete dias despache tudo num dos locais citados acima como foi ensinado sem ritual algum, pois o mesmo já foi velado e está velho, ou enterre no seu pátio.

Se preferir, para fortalecer ainda mais o feitiço, na hora cante ou recite o ponto abaixo ou escolha um de sua preferência.

"Estrela D'Alva,
estrela divina
É a mamãe Oxum
É a mamãe Oxum,
que nos ilumina
Aiee, a o Oxum,
aiee mamãe Oxum,
aiee Oxumaré."

Feitiço para Arranjar um Amor

Material necessário

- Uma bandeja de papelão média
- Papel de seda azul
- Papel de seda amarelo
- Farinha de milho média ou grossa
- Mel
- Óleo de amêndoa

- Sete espelhos azuis
- Sete espelhos amarelos
- Sete velas azuis
- Sete velas amarelas
- Uma caixa de fósforos

Modo de fazer

Decore a bandeja com os papéis de seda.

Faça uma farofa com a farinha de milho, mel e óleo de amêndoa de maneira que fique bem soltinha.

Coloque essa farofa na bandeja e crave na farofa na volta da bandeja os espelhos intercalados um azul e um amarelo. Porém, antes de cravar cada um espelho, se olhe nele e chame pela pessoa amada ou peça a Oxum e Iemanjá que lhe deem um amor.

Repita em todos os espelhos. Se você já tiver alguém, querendo, pode colocar o nome na bandeja embaixo da farofa.

Pegue a bandeja, as velas e dirija-se para um mar, uma praia, rio, cachoeira ou riacho que tenha água corrente.

Chegando ao local escolha um lugar limpo para arriar o ritual e faça dessa forma: arrie a bandeja no chão perto da água e acenda as velas em volta da bandeja intercaladas uma azul e uma amarela, não muito próximas para evitar que caiam e pegue fogo na bandeja, e deixe a caixa de fósforos semiaberta com a cabeça dos palitos para fora ao lado.

Faça uma prece e peça ajuda a Oxum e Iemanjá no que você deseja no momento e se for do seu merecimento, que você possa ser atendida (o).

Faça isso com bastante fé e pensamento positivo no que você deseja.

Vá até a água, molhe as suas mãos e suas fontes.

Reforce o pedido a Oxum e Iemanjá e saia dando alguns passos para trás de frente para o ritual, ou seja, sem virar as costas de imediato para o ritual.

Ao chegar em casa ou no outro dia tome um banho de ervas com mel e perfume.

Obs.: Essa bandeja e as velas podem ser passadas no corpo da pessoa em casa antes de sair para a realização do ritual fazendo os pedidos, ou até mesmo no local na hora de realizar a entrega.

Se você tiver congal de Umbanda em casa, pode ser feito no mesmo, depois de queimar as velas comuns acenda uma azul e uma amarela de sete dias. O resto segue igual, e depois de queimar as velas de sete dias despache tudo num dos locais citados acima como foi ensinado sem ritual algum, pois o mesmo já foi velado e está velho, ou enterre no seu pátio.

Se preferir, para fortalecer ainda mais o feitiço, na hora cante ou recite o ponto abaixo ou escolha um de sua preferência.

> *"Baixai, baixai*
> *A Virgem da Conceição*
> *Maria Imaculada*
> *Para tirar a perturbação*
> *Se tiveres praga de alguém*
> *Desde já seja retirado*
> *Levando pro mar a dentro*
> *Pras ondas do mar sagrado."*

Feitiço para Noivar

Material necessário

- Um mamão
- Canjica amarela
- Mel
- Óleo de amêndoas
- Água de melissa
- Um metro de fita amarela
- Um par de alianças
- Uma vela amarela
- Uma caixa de fósforos
- Um papel com o nome e endereço do casal

Modo de fazer

Cozinhe a canjica com um pouco de mel e escorra bem a água.

Abra o mamão no sentido horizontal e retire as sementes.

Enrole as alianças no papel com os nomes do casal e coloque dentro de uma das partes do mamão.

Coloque um pouco de canjica nas duas partes do mamão e por cima um pouco de mel, óleo de amêndoa e água de melissa. Junte as duas partes do mamão e amarre com a fita amarela.

Pegue o mamão, a vela e dirija-se para uma praia, rio, cachoeira ou riacho que tenha água corrente.

Chegando ao local escolha um lugar limpo para arriar o ritual e faça dessa forma: faça um buraco no chão perto da água e enterre o mamão. Tape o buraco e acenda a vela em cima e deixe a caixa de fósforos semiaberta com a cabeça dos palitos para fora ao lado.

Faça uma prece e peça ajuda a Oxum no que você deseja no momento e se for do seu merecimento, que você possa ser atendida (o).

Faça isso com bastante fé e pensamento positivo no que você deseja.

Vá até a água molhe as suas mãos e suas fontes.

Reforce o pedido a Oxum e saia dando alguns passos para trás de frente para o ritual, ou seja, sem virar as costas de imediato para o ritual.

Ao chegar em casa ou no outro dia tome um banho de ervas com mel e perfume.

Obs.: Esse mamão e a vela podem ser passadas no corpo da pessoa em casa antes de sair para a realização do ritual fazendo os pedidos, ou até mesmo no local na hora de realizar a entrega.

Se você tiver congal de Umbanda em casa, pode ser feito no mesmo, trocando a vela comum por uma vela de sete dias da mesma cor. O resto segue igual, e depois de queimar a vela de sete dias despache tudo num dos locais citados acima como foi ensinado sem ritual algum, pois o mesmo já foi velado e está velho, ou enterre no seu pátio.

Se preferir, para fortalecer ainda mais o feitiço, na hora cante ou recite o ponto abaixo ou escolha um de sua preferência.

"Mamãe Oxum
rainha dos rios e dos mares
mamãe Oxum abençoai
os nossos lares."

Feitiço para Casar (1)

Material necessário

- Um casal de bonecos de pano vestidos de noivos
- Um papel pequeno com o nome e endereço do noivo
- Um papel pequeno com o nome e endereço da noiva
- Dois pedaços bem pequenos de imãs
- Um par de alianças

- Meio metro de fita azul
- Um abafador de barro médio
- Canjica branca
- Mel
- Óleo de amêndoas
- Água de flor de laranjeira
- Uma vela azul clara
- Uma caixa de fósforos

Modo de fazer

Cozinhe a canjica com um pouco de mel e escorra bem a água.

Pegue os bonecos e batize com três ramos verdes, água, óleo de cozinha e sal com seus devidos nomes.

Após faça um corte de maneira que você possa enfiar para dentro um papel com o nome, o pedaço de imã e a aliança.

O papel com o nome do homem você coloca na noiva, o papel com o nome da mulher você coloca no noivo. Feito isso junte os dois bonecos de frente um para o outro e amarre bem com a fita azul.

Coloque um pouco de canjica no abafador até o meio e coloque o casal de noivos já amarrados. Coloque um pouco de mel, óleo de amêndoa e água de flor de laranjeira por cima de tudo. Após tape tudo com mais canjica. Feche o abafador com a tampa do mesmo.

Pegue esse abafador, a vela e dirija-se para um mar ou praia.

Chegando ao local escolha um lugar limpo para arriar o ritual e faça dessa forma: faça um buraco no chão perto da água e enterre o abafador. Tape o buraco e acenda a vela em cima e deixe a caixa de fósforos semiaberta com a cabeça dos palitos para fora ao lado.

Faça uma prece e peça ajuda a Iemanjá no que você deseja no momento e se for do seu merecimento, que você possa ser atendida (o).

Faça isso com bastante fé e pensamento positivo no que você deseja.

Vá até a água, molhe as suas mãos e suas fontes.

Reforce o pedido a Iemanjá e saia dando alguns passos para trás de frente para o ritual, ou seja, sem virar as costas de imediato para o ritual.

Ao chegar em casa ou no outro dia tome um banho de ervas com mel e perfume.

Obs.: Esse abafador e a vela podem ser passadas no corpo da pessoa em casa antes de sair para a realização do ritual fazendo os pedidos, ou até mesmo no local na hora de realizar a entrega.

Se você tiver congal de Umbanda em casa, pode ser feito no mesmo, trocando a vela comum por uma vela de sete dias da mesma cor. O resto segue igual, e depois de queimar a vela de sete dias despache tudo num dos locais citados acima como foi ensinado sem ritual algum, pois o mesmo já foi velado e está velho, ou enterre no seu pátio.

Se preferir, para fortalecer ainda mais o feitiço, na hora cante ou recite o ponto abaixo ou escolha um de sua preferência.

"Hoje é dia de Nossa Senhora
De nossa Mãe Iemanjá
calunga, ê, ê
calunga á, á, á
Brilham as estrelas no céu
Brilham os peixinhos no mar
calunga, ê, ê
calunga á, á, á."

Feitiço para Casar (2)

Material necessário

- Um bolo de aniversário pequeno sem chocolate
- Um casal de bonecos noivos que se usa em cima do bolo
- Sete velas brancas, sete azuis-claras e sete amarelas
- Um par de alianças
- Uma caixa de fósforos

Modo de fazer

Crave os bonecos noivos em cima do bolo.

Crave uma aliança de cada lado em cima do bolo.

Pegue o bolo as velas e a caixa de fósforos e dirija-se para um mar, praia, rio, riacho ou cachoeira que tenha água corrente.

Chegando ao local escolha um lugar limpo para arriar o ritual e faça dessa forma: arrie o bolo no chão e acenda as velas circulando o bolo e intercaladas de cor, uma branca, uma azul e uma amarela e assim sucessivamente.

Deixe a caixa de fósforos semiaberta com a cabeça dos palitos para fora ao lado.

Faça uma prece e peça ajuda a Oxum, Iemanjá e Oxalá no que você deseja no momento e se for do seu merecimento, que você possa ser atendida.

Faça isso com bastante fé e pensamento positivo no que você deseja.

Vá até a água molhe as suas mãos e suas fontes.

Reforce o pedido a Oxum, Iemanjá e Oxalá e saia dando alguns passos para trás de frente para o ritual, ou seja, sem virar as costas de imediato para o ritual.

Ao chegar em casa ou no outro dia tome um banho de ervas com mel e perfume.

Obs.: Esse bolo e as velas podem ser passadas no corpo da pessoa em casa antes de sair para a realização do ritual fazendo os pedidos, ou até mesmo no local na hora de realizar a entrega.

Se você tiver congal de Umbanda em casa, pode ser feito no mesmo, depois de queimar as velas comuns, acenda uma de sete dias nas mesmas cores. O resto segue igual, e depois de queimar as velas de sete dias despache tudo num dos locais citados acima sem ritual algum, pois o mesmo já foi velado e está velho, ou enterre no seu pátio.

Antes de ir fazer o ritual a pessoa deve tomar um banho de ervas com mel e perfume, para ficar mais respectiva ao trabalho. E não usar roupas pretas nessa hora.

Se preferir, para fortalecer ainda mais o feitiço, na hora cante ou recite o ponto abaixo ou escolha um de sua preferência.

"Iemanjá é a rainha do mar
Iemanjá é a rainha do mar
Salve o povo da Aruanda
Salve meu Pai Oxalá
Salve Oxóssi, salve os guias
Salve Ogum Beira-Mar

Feitiço para Ganhar Dinheiro

Material necessário

- Uma bandeja de papelão média
- Um papel de seda dourado ou amarelo ou folhas de mamoneiro
- Mel
- Um imã
- Sete velas douradas ou amarelas
- Sete moedas de um real
- Um mamão pequeno
- Um melão pequeno
- Um cacho de uva
- Uma laranja
- Uma bergamota
- Uma caixa de fósforos

Modo de fazer

Decore a bandeja com o papel de seda. Corte as frutas ao meio e distribua em cima da bandeja com o imã bem no centro da bandeja.

Coloque as moedas na volta da bandeja e um pouco de mel por cima das frutas.

Pegue essa bandeja, as velas e a caixa de fósforos e dirija-se para uma praia, rio, cachoeira ou riacho que tenha água corrente.

Chegando ao local escolha um lugar limpo para arriar o ritual e faça dessa forma: arrie a bandeja no chão perto da água e acenda as velas circulando a bandeja não muito próximas para evitar que caia e pegue fogo na bandeja, e deixe a caixa de fósforos semiaberta com a cabeça dos palitos para fora ao lado.

Faça uma prece e peça ajuda a Oxumaré no que você deseja no momento e se for do seu merecimento, que você possa ser atendida (o).

Faça isso com bastante fé e pensamento positivo no que você deseja.

Vá até a água, molhe as suas mãos e suas fontes.

Reforce o pedido a Oxumaré e saia dando alguns passos para trás de frente para o ritual, ou seja, sem virar as costas de imediato para o ritual.

Ao chegar em casa ou no outro dia tome um banho de ervas com mel e perfume.

Obs.: Essa bandeja e as velas podem ser passadas no corpo da pessoa em casa antes de sair para a realização do ritual fazendo os pedidos, ou até mesmo no local na hora de realizar a entrega.

Se você tiver congal de Umbanda em casa, pode ser feito no mesmo, depois de queimar as velas comuns acenda uma vela de sete dias da mesma cor. O resto segue igual, e depois de queimar a vela de sete dias despache tudo num dos locais citados acima sem ritual algum, pois o mesmo já foi velado e está velho, ou enterre no seu pátio.

Se preferir, para fortalecer ainda mais o feitiço, na hora cante ou recite o ponto abaixo ou escolha um de sua preferência.

"O lírio é uma flor
Que dá na beira d'água
Na água se criou
Não, não, não é
Não é Oxumaré
Não, não, não é
Não é Oxumaré
Linda seria do mar
Linda seria do mar."

Feitiço para União
Material necessário

- Uma bandeja de papelão média
- Um papel de seda branco ou folhas de mamoneiro
- Uma foto do casal ou os nomes num papel
- Um pão grande
- Canjica branca
- Mel
- Quatro ovos
- Coco ralado
- Sete velas brancas
- Uma caixa de fósforos

Modo de fazer

Decore a bandeja com o papel de seda.

Cozinhe bastante canjica e deixe escorrer bem a água.

Cozinhe os ovos e corte em rodelas.

Corte o pão ao meio, coloque a foto do casal ou nomes e recheie com um pouco de canjica cozida, mel, ovos, e coco ralado. Coloque o pão na bandeja. Cubra o pão com o que restou da canjica.

Pegue essa bandeja, as velas e a caixa de fósforos e dirija-se para um mar ou praia, rio, ou riacho que tenha água corrente.

Chegando ao local escolha um lugar limpo para arriar o ritual e faça dessa forma: arrie a bandeja no chão perto da água e acenda as velas circulando a bandeja não muito próximas para evitar que caiam e pegue fogo na bandeja, e deixe a caixa de fósforos semiaberta com a cabeça dos palitos para fora ao lado.

Faça uma prece e peça ajuda a Iemanjá no que você deseja no momento e se for do seu merecimento, que você possa ser atendida (o).

Faça isso com bastante fé e pensamento positivo no que você deseja.

Vá até a água, molhe as suas mãos e suas fontes.

Reforce o pedido a Iemanjá e saia dando alguns passos para trás de frente para o ritual, ou seja, sem virar as costas de imediato para o ritual.

Ao chegar em casa ou no outro dia tome um banho de ervas com mel e perfume.

Obs.: Essa bandeja e as velas podem ser passadas no corpo da pessoa em casa antes de sair para a realização do ritual fazendo os pedidos, ou até mesmo no local na hora de realizar a entrega.

Se você tiver congal de Umbanda em casa, pode ser feito no mesmo, depois de queimar as velas comuns acenda uma vela de sete dias da mesma cor. O resto segue igual, e depois de queimar a vela de sete dias despache tudo num dos locais citados acima sem ritual algum, pois o mesmo já foi velado e está velho, ou enterre no seu pátio.

Se preferir, para fortalecer ainda mais o feitiço, na hora cante ou recite o ponto abaixo ou escolha um de sua preferência.

"Eram duas ventarolas,
Duas ventarolas,
Que viam beira do mar
Uma era Iansã, eparrei,
A outra era Iemanjá, odoiá."

Feitiço de Misericórdia

Material necessário

- Uma bandeja de papelão média
- Uma caixa de algodão
- Sete copos de leite (flor)
- Mel
- Sete velas brancas
- Uma caixa de fósforos

Modo de fazer

Forre a bandeja com o algodão.

Coloque na bandeja os sete copos de leite e por cima dos mesmos coloque um pouco de mel.

Se for colocar nome de pessoa a quem for direcionado o ritual, coloque dentro dos copos de leite discretamente aos olhos alheios.

Pegue essa bandeja, as velas e a caixa de fósforos e dirija-se para um mar ou praia, rio, ou riacho que tenha água corrente.

Chegando ao local escolha um lugar limpo para arriar o ritual e faça dessa forma: arrie a bandeja no chão perto da água e acenda as velas circulando a bandeja não muito próximas para evitar que caiam e pegue fogo na bandeja, e deixe a caixa de fósforos semiaberta com a cabeça dos palitos para fora ao lado.

Faça uma prece e peça misericórdia a Oxalá pelo que você fez, pelo que não fez, pelo que você ainda vai fazer, pelos amigos pelos inimigos etc. Peça misericórdia por tudo na sua vida.

Faça isso com bastante fé e pensamento positivo no que você deseja.

Vá até a água, molhe as suas mãos e suas fontes.

Reforce o pedido a Oxalá e saia dando alguns passos para trás de frente para o ritual, ou seja, sem virar as costas de imediato para o ritual.

Ao chegar em casa ou no outro dia tome um banho de ervas com mel e perfume.

Obs.: Essa bandeja e as velas podem ser passadas no corpo da pessoa em casa antes de sair para a realização do ritual fazendo os pedidos, ou até mesmo no local na hora de realizar a entrega.

Se você tiver congal de Umbanda em casa, pode ser feito no mesmo, depois de queimar as velas comuns acenda uma vela de sete dias da mesma cor. O resto segue igual, e depois de queimar a vela de sete dias despache tudo num dos locais citados acima sem ritual algum, pois o mesmo já foi velado e está velho, ou enterre no seu pátio.

Esse ritual também é muito bom de se fazer para acalmar uma pessoa.

Se preferir, para fortalecer ainda mais o feitiço, na hora cante ou recite o ponto abaixo ou escolha um de sua preferência.

"Oxalá meu pai,
tem pena de nós tem dó;
se a volta do mundo é grande,
seus poderes são bem maior."

Feitiço para Arrumar Trabalho (1)

Material necessário

- Uma bandeja de papelão média
- Papel de seda verde e branco ou folhas de mamoneiro ou bananeira
- Costela de porco com 3 ou 7 ossos
- Farinha de mandioca
- Óleo de dendê
- Sete frutas ameixas
- Uma vela, azulão ou azulão e branco
- Uma caixa de fósforos

Modo de fazer

Decore a bandeja forrando-a com os papéis de seda, ou com as folhas de mamoneiro ou bananeira.

Frite a costela de porco no óleo de dendê, sem temperos e reserve.

No próprio óleo que você fritou a costela vá colocando farinha de mandioca e mexendo até formar uma farofa soltinha.

Coloque essa farofa espalhada na bandeja, já decorada com os papéis ou com as folhas.

Pegue a costela frita e coloque-a no meio da bandeja em cima da farofa.

Na volta da costela coloque as sete ameixas.

Pegue essa bandeja, a vela e a caixa de fósforos e dirija-se para um mato ou uma estrada perto de um mato.

Chegando ao local escolha um lugar limpo para arriar o ritual e faça dessa forma: arrie a bandeja no chão e acenda a vela ao lado não muito próxima para evitar que caia e pegue fogo na bandeja, e deixe a caixa de fósforos semiaberta com a cabeça dos palitos para fora ao lado.

Faça uma prece e peça ajuda a Oxóssi no que você deseja no momento e se for do seu merecimento, que você possa ser atendida (o).

Faça isso com bastante fé e pensamento positivo no que você deseja.

Reforce o pedido a Oxóssi e saia dando alguns passos para trás de frente para o ritual, ou seja, sem virar as costas de imediato para o ritual.

Ao chegar em casa ou no outro dia tome um banho de ervas com mel e perfume.

Obs.: Essa bandeja e a vela podem ser passadas no corpo da pessoa em casa antes de sair para a realização do ritual fazendo os pedidos, ou até mesmo no local na hora de realizar a entrega.

Se você tiver congal de Umbanda em casa, pode ser feito no mesmo, trocando a vela comum por uma de sete dias da mesma cor. O resto segue igual, e depois de queimar a vela de sete dias despache tudo num dos locais citados acima sem ritual algum, pois o mesmo já foi velado e está velho, ou enterre no seu pátio.

Se preferir, para fortalecer ainda mais o feitiço, na hora cante ou recite o ponto abaixo ou escolha um de sua preferência.

"Quem manda na mata é Oxóssi,
Oxóssi é caçador,
Oxóssi é caçador,
Eu vi meu Pai assobiar,
E eu mandei chamar,
Vem de Aruanda vem,
Vem de Aruanda vem
Seu pena branca,
É de Aruanda é, é de Aruanda é."

Feitiço para Arrumar Trabalho (2)
Material necessário

- Uma bandeja de papelão média
- Papel de seda verde e branco ou folhas de mamoneiro ou bananeira
- Um bife de porco
- Farinha de milho grossa
- Mel
- Sete laranjas
- Uma vela, azulão ou azulão e branco
- Uma caixa de fósforos

Modo de fazer

Decore a bandeja forrando-a com os papéis de seda, ou com as folhas de mamoneiro ou bananeira.

Frite o bife de porco no mel, sem temperos e reserve.

No próprio mel que você fritou o bife vá colocando farinha de milho e mexendo até formar uma farofa soltinha.

Coloque essa farofa espalhada na bandeja, já decorada com os papéis ou com as folhas.

Pegue o bife frito e coloque no meio da bandeja em cima da farofa.

Na volta do bife coloque as sete laranjas

Pegue essa bandeja, a vela e a caixa de fósforos e dirija-se para um mato ou uma estrada perto de um mato.

Chegando ao local escolha um lugar limpo para arriar o ritual e faça dessa forma: arrie a bandeja no chão e acenda a vela ao lado não muito próxima para evitar que caia e pegue fogo na bandeja, e deixe a caixa de fósforos semiaberta com a cabeça dos palitos para fora ao lado.

Faça uma prece e peça ajuda a Oxóssi no que você deseja no momento e se for do seu merecimento, que você possa ser atendida (o).

Faça isso com bastante fé e pensamento positivo no que você deseja.

Reforce o pedido a Oxóssi e saia dando alguns passos para trás de frente para o ritual, ou seja, sem virar as costas de imediato para o ritual.

Ao chegar em casa ou no outro dia tome um banho de ervas com mel e perfume.

Obs.: Essa bandeja e a vela podem ser passadas no corpo da pessoa em casa antes de sair para a realização do ritual fazendo os pedidos, ou até mesmo no local na hora de realizar a entrega.

Se você tiver congal de Umbanda em casa, pode ser feito no mesmo, trocando a vela comum por uma de sete dias da mesma cor. O resto segue igual, e depois de queimar a vela de sete dias despache tudo num dos locais citados acima sem ritual algum, pois o mesmo já foi velado e está velho, ou enterre no seu pátio.

Se preferir, para fortalecer ainda mais o feitiço, na hora cante ou recite o ponto abaixo ou escolha um de sua preferência.

"Eu vi chover,
Eu vi relampejar.
Mas mesmo assim,
O céu estava azul.
Firma seu ponto,
Na folha de Jurema,
Que Oxóssi é bamba
No Alaquajú."

Feitiço para Vencer um Obstáculo

Material necessário

- Uma bandeja de papelão média
- Um papel de seda verde, um vermelho e um branco ou folhas de mamoneiro
- Um pedaço de bofe
- Um pedaço de fígado
- Farinha de mandioca
- Duas laranjas
- Temperos verdes à vontade
- Uma garrafa de cerveja branca
- Uma vela, três cores juntas: verde, vermelha e branca
- Uma caixa de fósforos

Modo de fazer

Decore a bandeja forrando-a com os papéis de seda, ou com as folhas de mamoneiro.

Cozinhe o fígado e o bofe e pique bem miudinho.

Pique também os temperos verdes.

Coloque a farinha de mandioca numa vasilha e leve ao fogo para formar uma farofa torrada, ou seja, torre a farinha.

Após misture nessa farofa torrada o bofe, fígado e temperos picados.

Coloque essa farofa espalhada na bandeja, já decorada com os papéis ou com as folhas.

Decore em cima com sete rodelas de laranja.

Pegue essa bandeja e o resto do material e dirija-se para um mato ou uma estrada perto de um mato.

Chegando ao local escolha um lugar limpo para arriar o ritual e faça dessa forma: arrie a bandeja no chão e acenda a vela de um lado da bandeja não muito próxima para evitar que caia e pegue fogo na bandeja, e deixe a caixa de fósforos semiaberta com a cabeça dos palitos para fora ao lado.

No outro lado da bandeja deixe a garrafa de cerveja em pé, depois de virar um pouco no chão saudando e chamando por Ogum e fazendo seu pedido.

Faça uma prece e peça ajuda a Ogum no que você deseja no momento e se for do seu merecimento, que você possa ser atendida (o).

Faça isso com bastante fé e pensamento positivo no que você deseja.

Reforce o pedido a Ogum e saia dando alguns passos para trás de frente para o ritual, ou seja, sem virar as costas de imediato para o ritual.

Ao chegar em casa ou no outro dia tome um banho de ervas com mel e perfume.

Obs.: Essa bandeja e a vela podem ser passadas no corpo da pessoa em casa antes de sair para a realização do ritual fazendo os pedidos, ou até mesmo no local na hora de realizar a entrega.

Se você tiver congal de Umbanda em casa, pode ser feito no mesmo, trocando a vela comum por uma de sete dias da mesma cor. O resto segue igual, e depois de queimar a vela de sete dias despache tudo num dos locais citados acima sem ritual algum, pois o mesmo já foi velado e está velho, ou enterre no seu pátio, menos a garrafa, apenas vire o líquido junto.

Se preferir, para fortalecer ainda mais o feitiço, na hora cante ou recite o ponto abaixo ou escolha um de sua preferência.

"Ogum olha a sua bandeira
É branca é verde e encarnado
Ogum olha a sua bandeira
É branca é verde e encarnado
Ogum, nos campos de batalha
Ele venceu a guerra
E não perde soldado."

Feitiço para Cortar o Olho Grande

Material necessário

- Uma rosa vermelha
- Uma vela comum bicolor branca e vermelha
- Duas espadas de Santa Bárbara (a de lista amarela)
- Uma caixa de fósforos

Modo de fazer

Pegue todo o material e dirija-se a um mato limpo ou estrada perto de um mato.

Chegando ao local salve todas as Entidades que ali pertencem e arrie o feitiço dessa forma:

Coloque as duas espadas cruzadas em forma de X.

Na parte de cima e dentro do X coloque a vela acesa deixando a caixa de fósforos ao lado semiaberta com a cabeça dos palitos para fora.

Na parte de baixo e dentro do X coloque a rosa vermelha.

Faça o pedido que quiser a Iansã. Pode ser para si como para outra pessoa a quem queira ajudar.

Faça tudo isso com bastante fé, confiança e pensamento positivo.

Reforce o pedido a Iansã e saia dando alguns passos para trás de frente para o ritual, ou seja, sem virar as costas de imediato para o ritual.

Após chegar em casa, ou no outro dia, se possível, tome um banho de ervas com mel e perfume. Podendo fazer também uma defumação.

Obs.: Esse ritual também é muito bom de se fazer oferecendo a Ogum e Iansã juntos. Para isso coloque uma espada de cada – uma de São Jorge e outra de Santa Bárbara.

Pode ser passado no corpo da pessoa a vela, as espadas e a rosa.

Querendo, pode colocar um papel pequeno com os pedidos escritos enterrado embaixo do local onde vai ficar a rosa, ou seja, enterrado embaixo da rosa.

Se você tiver congal de Umbanda em sua casa, pode ser feito no mesmo, trocando a vela comum por uma vela de sete dias da mesma cor. O resto segue igual, e depois de queimar a vela despache numa mata ou estrada perto de uma mata sem ritual algum, pois o mesmo já foi velado e está velho.

Se preferir, para fortalecer ainda mais o feitiço, na hora cante ou recite o ponto abaixo ou escolha um de sua preferência.

> *"Oh Iansã, oh Iansã*
> *Segura seu Erere, Iansã*
> *Segura seu Erere, Iansã*
> *Oh Iansã, oh Iansã*
> *Segura seu Erere."*

Feitiço para Engravidar

Material necessário

- Um bolo de aniversario pequeno sem chocolate
- Sete brinquedos miniaturas (tipo de balão surpresa)
- Sete velas brancas, sete azuis-claras e sete amarelas
- Uma caixa de fósforos

Modo de fazer

Crave os sete brinquedos em cima do bolo.

Pegue o bolo as velas e a caixa de fósforos e dirija-se para um mar, praia, rio, riacho ou cachoeira que tenha água corrente.

Chegando ao local escolhe um lugar limpo para arriar o ritual e faça dessa forma: arrie o bolo no chão e acenda as velas circulando o bolo e intercaladas de cor, uma branca, uma azul e uma amarela e assim sucessivamente.

Deixe a caixa de fósforos semiaberta com a cabeça dos palitos para fora ao lado.

Faça uma prece e peça ajuda a Oxum, Iemanjá e Oxalá no que você deseja no momento e se for do seu merecimento, que você possa ser atendida.

Faça isso com bastante fé e pensamento positivo no que você deseja.

Vá até a água, molhe as suas mãos, suas fontes e principalmente a barriga.

Reforce o pedido a Oxum, Iemanjá e Oxalá e saia dando alguns passos para trás de frente para o ritual, ou seja, sem virar as costas de imediato para o ritual.

Obs.: Esse bolo e as velas podem ser passadas no corpo da pessoa, principalmente na barriga em casa antes de sair para a realização do ritual fazendo os pedidos, ou até mesmo no local na hora de realizar a entrega.

Se você tiver congal de Umbanda em casa, pode ser feito no mesmo, depois de queimar as velas comuns, acenda uma de sete dias nas mesmas cores. O resto segue igual, e depois de queimar as velas de sete dias despache tudo num dos locais citados acima sem ritual algum, pois o mesmo já foi velado e está velho, ou enterre no seu pátio.

Antes de ir fazer o ritual a pessoa deve tomar um banho de ervas com mel e perfume, para ficar mais respectiva ao trabalho. E não usar roupas pretas nessa hora.

Se preferir, para fortalecer ainda mais o feitiço, na hora do ritual cante ou recite um ponto bem bonito de Oxum, Iemanjá e Oxalá de sua preferência.

Feitiço com Pano de Cabeça ou Toalha de Batismo

Material necessário

- Pano de cabeça ou toalha de batismo usado pela pessoa
- Uma vela branca de 30 cm.

Modo de fazer

Esse feitiço é muito bom de ser feito quando uma pessoa ou médium, que tenha cruzamento com ervas (amaci, mieró) na cabeça ou batizado e tenha usado esse pano ou toalha nessa hora, esteja doente no hospital onde não se pode fazer muitas coisas diretamente na pessoa.

É feito no congal pelo pai de santo, babalorixá, ialorixá, chefe de terreiro ou cacique de Umbanda, com o pano ou toalha pertencente à pessoa.

Faça uma cabeça de batata-doce, batata-inglesa, canjica branca, canjica amarela etc., conforme o Orixá ou Guia da pessoa.

Essa cabeça representará a pessoa.

Ex.: Cozinhe as sete batatas-inglesas ou doce no caso umas quatro médias. Ainda quentes, descasque-as e amasse com uma colher formando um purê. Depois, com as mãos forme (molde) um apeté em forma de uma bola como se fosse uma cabeça.

Depois de pronta, coloque na bandeja que já deve estar forrada com o papel de seda na cor do Orixá ou Guia da pessoa ou folhas de mamoneiro, e com o dedo minguinho faça um furo de cada lado da bola como se fossem as orelhas; faça mais dois furos um pouco separados um do outro na frente como se fossem os olhos; abaixo dos olhos faça mais dois furos juntos como se fossem o nariz e abaixo do nariz um furo como se fosse a boca.

Pinte essa cabeça com o mel, usando o dedo como pincel. Forre a parte de trás, os lados e a parte de cima da cabeça com algodão como se fossem os cabelos da cabeça, livrando a frente dela, ou seja, o rosto.

Ex.: Cozinhe a canjica bem cozida. Escorra bem o líquido e ainda quente amasse com uma colher ou com o fundo de uma xícara ou copo formando um purê. Depois, com as mãos forme (molde) um apeté em forma de uma bola como se fosse uma cabeça.

Depois de pronta, coloque na bandeja que já deve estar forrada com o papel de seda na cor do Orixá ou Guia da pessoa ou folhas de mamoneiro, e com o dedo minguinho faça um furo de cada lado da bola como se fossem as orelhas; faça mais dois furos um pouco separados um do outro na frente como se fossem os olhos; abaixo dos olhos faça mais dois furos juntos como se fossem o nariz e abaixo do nariz um furo como se fosse a boca.

Pinte essa cabeça com o mel, usando o dedo como pincel. Forre a parte de trás, os lados e a parte de cima da cabeça com algodão como se fossem os cabelos da cabeça, livrando a frente dela, ou seja, o rosto.

Depois de pronta e fria arrie essa cabeça no congal, acenda a vela ao lado, bata bastante sineta pedindo saúde para a pessoa, diga o nome da pessoa na hora e por último, ate simbolicamente o pano ou toalha na cabeça sempre pedindo pela pessoa e como se estivesse atando o pano na própria pessoa.

Esse processo de atar o pano também pode ser feito pela pessoa que foi padrinho ou madrinha da pessoa na hora do cruzamento ou batizado, se for o caso, isso dará mais força ainda, e autenticidade ao ritual.

Após faça uma prece ou cante um ponto da Entidade da pessoa, caso seja médium de incorporação, e peça ajuda as Entidades, Caboclos, Guias e Protetores de Umbanda ou ao Orixá ou Guia da pessoa para que a mesma melhore de saúde. E que esse ritual possa ser atendido etc.

Faça isso com bastante fé e pensamento positivo.

Reforce durante uns três ou quatro dias o pedido batendo sineta e pedindo pela pessoa.

Após três ou quatro dias despache num verde ou local conforme a Entidade, Guia ou Orixá da pessoa, sem o pano ou toalha de cabeça.

Obs.: Após queimar a vela de 30 cm acenda uma de sete dias da mesma cor ou na cor correspondente ao Orixá, Guia ou Entidade da pessoa.

Feitiço Feito com o Alá Branco

Material necessário

- Um Alá Branco pertencente à casa de religião ou terreiro
- Uma pemba branca
- Uma vela branca de 30 cm
- Um travesseiro branco
- Um lençol comum branco ou tecido branco
- Um copo de vidro transparente com água
- Mel

Modo de fazer

Esse feitiço é bem parecido com o que ensinei acima. Muito bom de se fazer quando uma pessoa ou médium da casa ou do terreiro que tenha cruzamento com ervas (amaci, mieró) na cabeça ou batizado e esteja passando por algum tipo de problemas de saúde.

É feito no congal pelo pai de santo, babalorixá, ialorixá, chefe de terreiro ou cacique de Umbanda, com o Alá branco pertencente à casa ou terreiro.

A pessoa que está doente e vai passar pelo ritual deve antes de fazê-lo tomar um banho higiênico e após um banho de descarga para que esteja com o corpo limpo e receptível ao ritual. Deve também na hora do ritual vestir roupas brancas.

Na frente do congal, no chão, o pai de santo, babalorixá, ialorixá, chefe de terreiro ou cacique de Umbanda que for realizar o ritual deve riscar com a pemba branca o símbolo da Umbanda bem grande. (estrela de seis pontas).

Após estenda o lençol branco por cima do símbolo da Umbanda, coloque o travesseiro, da uma colher pequena de mel para a pessoa comer e coloque a pessoa deitada. Os pés da pessoa não podem ficar para a rua.

Após tape a pessoa com o Alá Branco. Acenda a vela acima da cabeça da pessoa com o copo com água ao lado, bata bastante sineta pedindo tudo de bom para ela, nesse caso saúde para a pessoa.

Faça uma prece ou cante um ponto da Entidade da pessoa, caso seja médium de incorporação, e peça ajuda às Entidades, Guias, Caboclos e Protetores de Umbanda, ou ao Orixá ou Guia da pessoa para que a mesma melhore de saúde. E que esse ritual possa ser de êxito e atendido etc.

Faça isso com bastante fé e pensamento positivo.

Reforce novamente o pedido batendo bastante sineta.

Após sete horas de recolhimento, ou seja, deitada a pessoa que realizou o ritual, pai de santo, babalorixá, ialorixá, chefe de terreiro ou cacique de Umbanda deve novamente bater a sineta, fazer uma chamada geral aos Guias, Caboclos, Entidades e Protetores de Umbanda reforçando novamente o pedido de saúde para essa pessoa.

Deve pegar a pessoa pelas mãos e levantá-la, a pessoa deve bater a cabeça no congal e depois para a pessoa que realizou o ritual.

Deve comer novamente uma colher pequena de mel, e partir desse momento a pessoa está liberada para ir para casa, devendo se cuidar o Máximo possível durante 24 horas. Não beber, não fazer sexo, não estar na rua à meia-noite, não visitar doente, não ir a hospital, velório ou enterro durante esse tempo.

Obs.: Após queimar a vela de 30 cm acenda uma de sete dias da mesma cor ou na cor correspondente ao Orixá, Guia ou Entidade da pessoa.

Após a pessoa levantar, a vela continua acesa na frente do congal e o copo de água deve ser despachado em área verde.

A pessoa não deve ir para esse ritual com o estômago cheio. E deve permanecer no recolhimento em silêncio sem visitas, concentrada, pedindo tudo de bom para ela, se possível dormir um pouco.

Querendo, ao lado do copo com água e a vela pode se deixar uma garrafa transparente com água para fluidificar durante essas sete horas e a pessoa levar para casa, para tomar um pouco como remédio todos os dias. A garrafa deve ficar com a tampa aberta, e quando a pessoa levantar deve levar junto consigo para casa.

CIGANOS

Feitiço para Abrir Caminhos

Material necessário

- Uma pera
- Um cacho de uva
- Uma rosa branca ou vermelha
- Um cravo branco ou vermelho
- Uma vela vermelha
- Canela em pó
- Erva-doce
- Sete incensos de cravo
- Uma bandeja de papelão
- Um lenço vermelho ou papel de seda vermelho
- Uma caixa de fósforos

Modo de fazer

Forre a bandeja com o lenço ou com papel de seda.

Coloque a pera, uva, rosa e cravo na bandeja.

Pulverize tudo com canela e erva-doce.

Pegue essa bandeja e o resto do material e dirija-se para um mato, beira de rio, campestre, campo, estrada etc.

Chegando ao local escolha um lugar limpo para arriar o ritual e faça dessa forma: arrie a bandeja no chão e acenda a vela de um lado da bandeja não muito próxima para evitar que caia e pegue fogo na bandeja e os incensos do outro lado da bandeja, e deixe a caixa de fósforos semiaberta com a cabeça dos palitos para fora ao lado.

Faça uma prece e peça ajuda ao Cigano ou à Cigana de sua preferência ou simplesmente ao Povo Cigano no que você deseja no momento e se for do seu merecimento, que você possa ser atendida (o).

Faça isso com bastante fé e pensamento positivo no que você deseja.

Reforce o pedido ao Cigano ou à Cigana ou ao Povo Cigano e saia dando alguns passos para trás de frente para o ritual, ou seja, sem virar as costas de imediato para o ritual.

Se possível, ao chegar em casa ou no outro dia acenda um incenso Cigano e tome um banho de água com mel e bastante perfume.

Obs.: Essa bandeja e a vela podem ser passadas no corpo da pessoa em casa antes de sair para a realização do ritual fazendo os pedidos, ou até mesmo no local na hora de realizar a entrega.

Se você tiver Altar Cigano ou congal de Umbanda em casa pode ser feito no mesmo, trocando a vela comum por uma de sete dias da mesma cor. O resto segue igual, e depois de queimar a vela de sete dias despache tudo num dos locais citados acima sem ritual algum, pois o mesmo já foi velado e está velho, ou enterre no seu pátio sem problema algum.

Se preferir, para fortalecer ainda mais o feitiço, na hora do ritual cante ou recite um ponto bem bonito de Ciganos de sua preferência.

Feitiço para Atrair Sorte

Material necessário

- Uma bandeja de papelão
- Um lenço vermelho ou papel de seda vermelho
- 100 gr. de arroz
- 100 gr. de lentilha
- 100 gr. de açúcar cristal
- Farinha milho grossa
- Sete moedas
- Um imã
- Sete incensos da sorte
- Uma vela vermelha
- Uma caixa de fósforos

Modo de fazer

Forre a bandeja com o lenço ou com papel de seda.

Misture o arroz, lentilha, açúcar e a farinha de milho formando uma farofa.

Coloque essa farofa na bandeja. Em cima da farofa no meio da bandeja coloque o imã.

Na volta da bandeja crave as sete moedas na farofa no sentido como se fosse rolar ao encontro do imã.

Pegue essa bandeja, e o resto do material e dirija-se para um mato, beira de rio, campestre, campo, estrada etc.

Chegando ao local escolha um lugar limpo para arriar o ritual e faça dessa forma: arrie a bandeja no chão e acenda a vela de um lado da bandeja não muito próxima para evitar que caia e pegue fogo na bandeja e os incensos do outro lado da bandeja, e deixe a caixa de fósforos semiaberta com a cabeça dos palitos para fora ao lado.

Faça uma prece e peça ajuda ao Cigano ou à Cigana de sua preferência, ou simplesmente ao Povo Cigano no que você deseja no momento e se for do seu merecimento, que você possa ser atendida (o).

Faça isso com bastante fé e pensamento positivo no que você deseja.

Reforce o pedido ao Cigano ou à Cigana ou Povo Cigano e saia dando alguns passos para trás de frente para o ritual, ou seja, sem virar as costas de imediato para o ritual.

Se possível, ao chegar em casa ou no outro dia acenda um incenso Cigano e tome um banho de água com mel e bastante perfume.

Obs.: Essa bandeja e a vela podem ser passadas no corpo da pessoa em casa antes de sair para a realização do ritual fazendo os pedidos, ou até mesmo no local na hora de realizar a entrega.

Se você tiver Altar Cigano ou congal de Umbanda em casa, pode ser feito no mesmo, trocando a vela comum por uma de sete dias da mesma cor. O resto segue igual, e depois de queimar a vela de sete dias despache tudo num dos locais citados acima sem ritual algum, pois o mesmo já foi velado e está velho, ou enterre no seu pátio sem problema algum.

Se preferir, para fortalecer ainda mais o feitiço, na hora do ritual cante ou recite um ponto bem bonito de Ciganos de sua preferência.

Feitiço para Manter seu Amor

Material necessário

- Uma bandeja de papelão
- Um lenço vermelho e um amarelo ou papel de seda vermelho e amarelo
- Uma maçã
- Mel
- Açúcar mascavo
- Perfume do amor ou de seu uso
- Papel com o nome do casal
- Duas velas (vermelhas e amarelas)
- Duas fitas 70 cm cada (vermelha e amarela)
- Sete incensos de mel
- Uma caixa de fósforos

Modo de fazer

Forre a bandeja com os lenços ou papéis de seda.

Abra a maçã ao meio e passe mel nas duas partes da maçã.

Pulverize o açúcar mascavo nas duas partes da maçã e coloque o papel com o nome do casal entre as duas partes da maçã e amarre bem a maçã com as duas fitas.

Coloque a maçã na bandeja e pulverize um pouco de perfume do amor na mesma.

Pegue essa bandeja e o resto do material e dirija-se para um mato, beira de rio, campestre, campo, estrada etc.

Chegando ao local escolha um lugar limpo para arriar o ritual e faça dessa forma: arrie a bandeja no chão e acenda as velas de um lado da bandeja não muito próxima para evitar que caia e pegue fogo na bandeja e os incensos do outro lado da bandeja, e deixe a caixa de fósforos semiaberta com a cabeça dos palitos para fora ao lado.

Faça uma prece e peça ajuda ao Cigano, ou à Cigana de sua preferência ou simplesmente ao Povo Cigano no que você deseja no momento e se for do seu merecimento, que você possa ser atendida (o).

Faça isso com bastante fé e pensamento positivo no que você deseja.

Reforce o pedido ao Cigano ou à Cigana ou Povo Cigano e saia dando alguns passos para trás de frente para o ritual, ou seja, sem virar as costas de imediato para o ritual.

Se possível ao chegar em casa ou no outro dia acenda um incenso Cigano e tome um banho de água com mel e bastante perfume.

Obs.: Essa bandeja e as velas podem ser passadas no corpo da pessoa em casa antes de sair para a realização do ritual fazendo os pedidos, ou até mesmo no local na hora de realizar a entrega.

Se você tiver Altar Cigano ou congal de Umbanda em casa, pode ser feito no mesmo, trocando as velas comuns por de sete dias nas mesmas cores. O resto segue igual, e depois de queimar as velas de sete dias despache tudo num dos locais citados acima sem ritual algum, pois o mesmo já foi velado e está velho, ou enterre no seu pátio sem problema algum.

Se preferir, para fortalecer ainda mais o feitiço, na hora do ritual cante ou recite um ponto bem bonito de Ciganos de sua preferência.

Feitiço para Amarração

Material necessário

- Um coração de cera médio
- Sete tipos de frutas doces
- Mel
- Os nomes do casal ou fotos
- Um par de alianças
- Uma fita vermelha 20 cm
- Uma tigela de vidro
- Uma rosa vermelha
- Sete incensos de rosas vermelhas
- Uma vela vermelha
- Uma caixa de fósforos

Modo de fazer

Pique as sete frutas e faça uma salada de frutas.

Ponha o papel com os nomes do casal ou foto dentro do coração.

Amarre as alianças com a fita vermelha em forma de tope e coloque também dentro do coração.

Feito isso, coloque o coração dentro da tigela e a salada de frutas por cima.

Coloque um pouco de mel por cima da salada de frutas e por último as pétalas da rosa vermelha.

Pegue essa tigela e o resto do material e dirija-se para um mato, beira de rio, campestre, campo, estrada etc.

Chegando ao local escolha um lugar limpo para arriar o ritual e faça dessa forma: arrie a tigela no chão e acenda a vela de um lado da tigela e os incensos do outro lado da tigela e deixe a caixa de fósforos semiaberta com a cabeça dos palitos para fora ao lado.

Faça uma prece e peça ajuda ao Cigano ou à Cigana de sua preferência ou simplesmente ao Povo Cigano no que você deseja no momento e se for do seu merecimento, que você possa ser atendida (o).

Faça isso com bastante fé e pensamento positivo no que você deseja.

Reforce o pedido ao Cigano ou à Cigana ou Povo Cigano e saia dando alguns passos para trás de frente para o ritual, ou seja, sem virar as costas de imediato para o ritual.

Se possível, ao chegar em casa ou no outro dia acenda um incenso Cigano e tome um banho de água com mel e bastante perfume.

Obs.: Essa tigela e a vela podem ser passadas no corpo da pessoa em casa antes de sair para a realização do ritual fazendo os pedidos, ou até mesmo no local na hora de realizar a entrega.

Se você tiver Altar Cigano ou congal de Umbanda em casa, pode ser feito no mesmo, trocando a vela comum por uma de sete dias da mesma cor. O resto segue igual, e depois de queimar a vela de sete dias despache tudo num dos locais citados acima sem ritual algum, pois o mesmo já foi velado e está velho, ou enterre no seu pátio sem problema algum. Nesse caso, a vasilha retorna e pode ser usada novamente em outros rituais.

Se preferir, para fortalecer ainda mais o feitiço, na hora do ritual cante ou recite um ponto bem bonito de Ciganos de sua preferência.

Feitiço para União

Material necessário

- Duas bandejas prateada
- Três maçãs
- Um coração de boi inteiro
- Mel
- Duas fitas brancas 70 cm
- Os nomes do casal ou fotos
- Um par de alianças
- Fita branca 20 cm para as alianças
- Fita adesiva larga
- Duas velas brancas
- Sete incensos do amor ou rosas vermelhas
- Uma caixa de fósforos

Modo de fazer

Faça um corte no coração e coloque os nomes do casal ou fotos, e as alianças atadas uma na outra com a fita branca em forme de tope, dentro do coração.

Feche e amarre o coração com as fitas brancas depois de escrever o nome do casal nas fitas. Um nome em cada fita.

Coloque o coração na bandeja.

Pique as maçãs bem miudinhas e coloque na bandeja por cima do coração e um pouco de mel também por cima de tudo.

Feito isso lacre com a outra bandeja por cima, colando as beiradas com a fita adesiva. Bem lacradas.

Pegue essa bandeja, e o resto do material e dirija-se para um mato, beira de rio, campestre, campo, estrada etc.

Chegando ao local escolha um lugar limpo para arriar o ritual e faça dessa forma: faça um buraco e enterre a bandeja. Tape o buraco e acenda as velas e os incensos em cima.

Deixe a caixa de fósforos semiaberta com a cabeça dos palitos para fora ao lado.

Faça uma prece e peça ajuda ao Cigano ou à Cigana de sua preferência ou simplesmente ao Povo Cigano no que você deseja no momento e se for do seu merecimento, que você possa ser atendida (o).

Faça isso com bastante fé e pensamento positivo no que você deseja.

Reforce o pedido ao Cigano ou à Cigana ou Povo Cigano e saia dando alguns passos para trás de frente para o ritual, ou seja, sem virar as costas de imediato para o ritual.

Se possível, ao chegar em casa ou no outro dia acenda um incenso Cigano e tome um banho de água com mel e bastante perfume.

Obs.: Essa bandeja e as velas podem ser passadas no corpo da pessoa em casa antes de sair para a realização do ritual fazendo os pedidos, ou até mesmo no local na hora de realizar a entrega.

Se você tiver Altar Cigano ou congal de Umbanda em casa, pode ser feito no mesmo, trocando as velas comuns por de sete dias nas mesmas cores. O resto segue igual. Porém, vele no Máximo por três dias e despache tudo num dos locais citados acima sem ritual algum, pois o mesmo já foi velado e está velho, ou enterre no seu pátio, sem problema algum. Nesse caso, as velas continuam acesas no altar ou congal.

Se preferir, para fortalecer ainda mais o feitiço, na hora do ritual cante ou recite um ponto bem bonito de Ciganos de sua preferência.

Feitiço para Acalmar uma Pessoa

Material necessário

- Uma bandeja prateada
- Sete fatias de coco
- Uma clara batida em neve ao ponto de suspiro
- Um pudim com caldo de caramelo
- Uma vela branca
- Sete incensos de rosas brancas
- Uma caixa de fósforos

Modo de fazer

Coloque o pudim na bandeja e na volta do pudim distribua as sete fatias de coco. Cubra tudo com a clara em neve.

Se for colocar nome de pessoa ou pedidos coloque embaixo do pudim discretamente aos olhos alheios.

Pegue essa bandeja e o resto do material e dirija-se para um mato, beira de rio, campestre, campo, estrada etc.

Chegando ao local escolha um lugar limpo para arriar o ritual e faça dessa forma: arrie a bandeja no chão. Acenda a vela ao lado da bandeja não muito próxima para evitar que caia e pegue fogo na bandeja. Do outro lado da bandeja acenda os incensos e deixe a caixa de fósforos semiaberta com a cabeça dos palitos para fora ao lado.

Faça uma prece e peça ajuda ao Cigano ou à Cigana de sua preferência ou simplesmente ao Povo Cigano no que você deseja no momento e se for do seu merecimento, que você possa ser atendida (o).

Faça isso com bastante fé e pensamento positivo no que você deseja.

Reforce o pedido ao Cigano ou à Cigana ou Povo Cigano e saia dando alguns passos para trás de frente para o ritual, ou seja, sem virar as costas de imediato para o ritual.

Se possível, ao chegar em casa ou no outro dia acenda um incenso Cigano e tome um banho de água com mel e bastante perfume.

Obs.: Essa bandeja e a vela pode ser passada no corpo da pessoa em casa antes de sair para a realização do ritual fazendo os pedidos, ou até mesmo no local na hora de realizar a entrega.

Se você tiver Altar Cigano ou congal de Umbanda em casa, pode ser feito no mesmo, trocando a vela comum por uma de sete dias da mesma cor. O resto segue igual, e depois de queimar a vela de sete dias despache tudo num dos locais citados acima sem ritual algum, pois o mesmo já foi velado e está velho, ou enterre no seu pátio sem problema algum.

Se preferir, para fortalecer ainda mais o feitiço, na hora do ritual cante ou recite um ponto bem bonito de Ciganos de sua preferência.

Feitiço para Atrair Dinheiro (1)

Material necessário

- Uma bandeja de papelão pequena
- Um lenço verde
- Uma manga
- Um imã pequeno
- Sete moedas quaisquer
- Sete incensos de cravos
- Uma vela verde
- Uma caixa de fósforos

Modo de fazer

Forre a bandeja com o lenço verde.

Crave as sete moedas na volta da manga. Em cima da manga coloque o imã e coloque a manga na bandeja.

Pegue essa bandeja e o restante do material e dirija-se para um mato, beira de rio, campestre, campo, estrada etc.

Chegando ao local escolha um lugar limpo para arriar o ritual e faça dessa forma: arrie a bandeja no chão. Acenda a vela ao lado da bandeja não muito próxima para evitar que caia e pegue fogo na bandeja. Do outro lado da bandeja acenda os incensos e deixe a caixa de fósforos semiaberta com a cabeça dos palitos para fora ao lado.

Faça uma prece e peça ajuda ao Cigano ou à Cigana de sua preferência ou simplesmente ao Povo Cigano no que você deseja no momento e se for do seu merecimento, que você possa ser atendida (o).

Faça isso com bastante fé e pensamento positivo no que você deseja.

Reforce o pedido ao Cigano, à Cigana ou Povo Cigano e saia dando alguns passos para trás de frente para o ritual, ou seja, sem virar as costas de imediato para o ritual.

Se possível, ao chegar em casa ou no outro dia acenda um incenso Cigano e tome um banho de água com mel e bastante perfume.

Obs.: Essa bandeja e a vela pode ser passada no corpo da pessoa em casa antes de sair para a realização do ritual fazendo os pedidos, ou até mesmo no local na hora de realizar a entrega.

Se você tiver Altar Cigano ou congal de Umbanda em casa, pode ser feito no mesmo, trocando a vela comum por uma de sete dias da mesma cor. O resto segue igual, e depois de queimar a vela de sete dias despache tudo num dos locais citados acima sem ritual algum, pois o mesmo já foi velado e está velho, ou enterre no seu pátio sem problema algum.

Se preferir, para fortalecer ainda mais o feitiço, na hora do ritual cante ou recite um ponto bem bonito de Ciganos de sua preferência.

Feitiço para Atrair Dinheiro (2)

Material necessário

- Uma bandeja de papelão pequena
- Um lenço amarelo
- Um pacote de trigo
- Um imã pequeno
- Quatorze moedas quaisquer
- Canela em pó
- Cravo
- Noz-moscada
- Sete incensos de cravos
- Uma vela amarela
- Uma caixa de fósforos

Modo de fazer

Forre a bandeja com o lenço amarelo.

Coloque o trigo na bandeja e em cima bem no centro da bandeja coloque o imã.

Após, coloque sete moedas no imã e as outras sete circule a bandeja cravando no trigo como se fosse rolar em direção ao centro, ou ao imã.

Pulverize por cima de tudo, a noz-moscada, canela e o cravo.

Pegue essa bandeja e o resto do material e dirija-se para um mato, beira de rio, campestre, campo, estrada etc.

Chegando ao local escolha um lugar limpo para arriar o ritual e faça dessa forma: arrie a bandeja no chão. Acenda a vela ao lado da bandeja não muito próxima para evitar que caia e pegue fogo na bandeja.

Do outro lado da bandeja acenda os incensos e deixe a caixa de fósforos semiaberta com a cabeça dos palitos para fora ao lado.

Faça uma prece e peça ajuda ao Cigano ou à Cigana de sua preferência ou simplesmente ao Povo Cigano no que você deseja no momento e se for do seu merecimento, que você possa ser atendida (o).

Faça isso com bastante fé e pensamento positivo no que você deseja.

Reforce o pedido ao Cigano, à Cigana ou Povo Cigano e saia dando alguns passos para trás de frente para o ritual, ou seja, sem virar as costas de imediato para o ritual.

Se possível, ao chegar em casa ou no outro dia acenda um incenso Cigano e tome um banho de água com mel e bastante perfume.

Obs.: Essa bandeja e a vela pode ser passada no corpo da pessoa em casa antes de sair para a realização do ritual fazendo os pedidos, ou até mesmo no local na hora de realizar a entrega.

Se você tiver Altar Cigano ou congal de Umbanda em casa, pode ser feito no mesmo, trocando a vela comum por uma de sete dias da mesma cor. O resto segue igual, e depois de queimar a vela de sete dias despache tudo num dos locais citados acima sem ritual algum, pois o mesmo já foi velado e está velho, ou enterre no seu pátio sem problema algum.

Querendo, você pode fazer e deixar na sua casa ou comércio, num lugar alto e discreto, tipo prateleira, estante, por alguns dias e depois despachar.

Pode também repetir seguidamente se assim desejar.

Feitiço para Vencer um Obstáculo

Material necessário

- Um lenço azul ou tecido azul
- Uma fruta doce qualquer
- Uma moeda
- Uma flor qualquer
- Um incenso qualquer
- Uma vela azul
- Uma caixa de fósforos

Modo de fazer:

Passe os itens, lenço, fruta, moeda, flor e a vela, um por um, no corpo suavemente enquanto faz o seu pedido ao Cigano ou à Cigana de sua preferência ou simplesmente ao Povo Cigano.

Feito isso pegue todo material e dirija-se para um mato, beira de rio, campestre, campo, estrada etc.

Chegando ao local escolha um lugar limpo para arriar o ritual e faça dessa forma: estenda o lenço no chão e coloque em cima do lenço a fruta, a moeda e a flor.

Acenda a vela ao lado não muito próxima para evitar que caia e pegue fogo no lenço. Do outro lado do lenço acenda o incenso e deixe a caixa de fósforos semiaberta com a cabeça dos palitos para fora ao lado.

Faça uma prece e peça ajuda ao Cigano ou à Cigana de sua preferência ou simplesmente ao Povo Cigano no que você deseja no momento e se for do seu merecimento, que você possa ser atendida (o).

Faça isso com bastante fé e pensamento positivo no que você deseja.

Reforce o pedido ao Cigano, à Cigana ou Povo Cigano e saia dando alguns passos para trás de frente para o ritual, ou seja, sem virar as costas de imediato para o ritual.

Se possível, ao chegar em casa ou no outro dia acenda um incenso Cigano e tome um banho de água com mel e bastante perfume.

Obs.: Se você tiver Altar Cigano ou congal de Umbanda em casa, pode ser feito no mesmo, trocando a vela comum por uma de sete dias da mesma cor. O resto segue igual, e depois de queimar a vela de sete dias despache tudo num dos locais citados acima sem ritual algum, pois o mesmo já foi velado, ou enterre no seu pátio sem problema algum.

Se preferir, para fortalecer ainda mais o feitiço, na hora do ritual cante ou recite um ponto bem bonito de Ciganos de sua preferência.

Feitiço para Melhoria Financeira (1)

Material necessário

- Um lenço vermelho
- Uma maçã
- Uma moeda
- 21 folhas de louro
- Sete incensos canela
- Uma vela vermelha
- Uma caixa de fósforos

Modo de fazer

Passe os itens, lenço, maçã, moedas, incenso e a vela, um por um, no corpo suavemente enquanto faz o seu pedido ao Cigano ou à Cigana de sua preferência ou simplesmente ao Povo Cigano.

Feito isso pegue todo material e dirija-se para um mato, beira de rio, campestre, campo, estrada etc.

Chegando ao local escolha um lugar limpo para arriar o ritual e faça dessa forma: estenda o lenço no chão e coloque em cima do lenço a maçã e a moeda cravada em cima da maçã, e circule tudo com as 21 folhas de louro.

Acenda a vela ao lado não muito próxima para evitar que caia e pegue fogo no lenço.

Acenda os incensos por fora do lenço circulando tudo e deixe a caixa de fósforos semiaberta com a cabeça dos palitos para fora ao lado.

Faça uma prece e peça ajuda ao Cigano ou à Cigana de sua preferência ou simplesmente ao Povo Cigano no que você deseja no momento e se for do seu merecimento, que você possa ser atendida (o).

Faça isso com bastante fé e pensamento positivo no que você deseja.

Reforce o pedido ao Cigano, à Cigana ou Povo Cigano e saia dando alguns passos para trás de frente para o ritual, ou seja, sem virar as costas de imediato para o ritual.

Se possível, ao chegar em casa ou no outro dia acenda um incenso Cigano e tome um banho de água com mel e bastante perfume.

Obs.: Se você tiver Altar Cigano ou congal de Umbanda em casa, pode ser feito no mesmo, trocando a vela comum por uma de sete dias da mesma cor. O resto segue igual, e depois de queimar a vela de sete dias despache tudo num dos locais citados acima sem ritual algum, pois o mesmo já foi velado, ou enterre no seu pátio sem problema algum.

Se preferir, para fortalecer ainda mais o feitiço, na hora do ritual cante ou recite um ponto bem bonito de Ciganos de sua preferência.

Feitiço para Melhoria Financeira (2)

Material necessário

- Um lenço vermelho
- Uma maçã
- Uma moeda
- Um incenso cravo
- Pó de ouro
- Pó de prata
- Uma vela vermelha
- Uma caixa de fósforos

Modo de fazer

Passe os itens, lenço, maçã, moeda, incenso, pó de ouro, pó de prata e a vela, um por um, no corpo suavemente enquanto faz o seu pedido ao Cigano ou à Cigana de sua preferência ou simplesmente ao Povo Cigano.

Feito isso pegue todo material e dirija-se para um mato, beira de rio, campestre, campo, estrada etc.

Chegando ao local escolha um lugar limpo para arriar o ritual e faça dessa forma: estenda o lenço no chão e coloque em cima do lenço a maçã, a moeda cravada em cima da maçã, o incenso também cravado em cima da maçã, aceso.

Circule a maçã espalhando o pó de ouro e prata na volta.

Acenda a vela ao lado não muito próxima para evitar que caia e pegue fogo no lenço e deixe a caixa de fósforos semiaberta com a cabeça dos palitos para fora ao lado.

Faça uma prece e peça ajuda ao Cigano ou à Cigana de sua preferência ou simplesmente ao Povo Cigano no que você deseja no momento e se for do seu merecimento, que você possa ser atendida (o).

Faça isso com bastante fé e pensamento positivo no que você deseja.

Reforce o pedido ao Cigano, à Cigana ou Povo Cigano e saia dando alguns passos para trás de frente para o ritual, ou seja, sem virar as costas de imediato para o ritual.

Se possível, ao chegar em casa ou no outro dia acenda um incenso Cigano e tome um banho de água com mel e bastante perfume.

Obs.: Se você tiver Altar Cigano ou congal de Umbanda em casa, pode ser feito no mesmo, trocando a vela comum por uma de sete dias da mesma cor. O resto segue igual, e depois de queimar a vela de sete dias despache tudo num dos locais citados acima sem ritual algum, pois o mesmo já foi velado, ou enterre no seu pátio sem problema algum.

Se preferir, para fortalecer ainda mais o feitiço, na hora do ritual cante ou recite um ponto bem bonito de Ciganos de sua preferência.

Os pós de ouro e prata você encontra nas casas que vendem artigos de Umbanda.

Feitiço para Melhoria Financeira (3)

Material necessário

- Uma bandeja média
- Um lenço vermelho
- Semente de girassol
- 21 moedas quaisquer
- Um imã pequeno
- Pó de ouro
- Pó de prata
- Sete incensos canela
- Uma vela vermelha
- Uma caixa de fósforos

Modo de fazer

Forre a bandeja com o lenço e coloque a semente de girassol.

Em cima da semente no centro da bandeja coloque o imã e a maçã. Na volta, coloque 14 moedas e sete moedas no imã.

Pulverize o pó de ouro e prata por cima de tudo.

Feito isso pegue a bandeja e o restante do material e dirija-se para um mato, beira de rio, campestre, campo, estrada etc.

Chegando ao local escolha um lugar limpo para arriar o ritual e faça dessa forma:

Arrie a bandeja no chão.

Acenda a vela ao lado não muito próxima para evitar que caia e pegue fogo no lenço.

Acenda os incensos circulando tudo por fora do lenço e deixe a caixa de fósforos semiaberta com a cabeça dos palitos para fora.

Faça uma prece e peça ajuda ao Cigano ou à Cigana de sua preferência ou simplesmente ao Povo Cigano no que você deseja no momento e se for do seu merecimento, que você possa ser atendida (o).

Faça isso com bastante fé e pensamento positivo no que você deseja.

Reforce o pedido ao Cigano, à Cigana ou Povo Cigano e saia dando alguns passos para trás de frente para o ritual, ou seja, sem virar as costas de imediato para o ritual.

Se possível, ao chegar em casa ou no outro dia acenda um incenso Cigano e tome um banho de água com mel e bastante perfume.

Obs.: A bandeja, vela e incensos podem ser passados no corpo da pessoa.

Se você tiver Altar Cigano ou congal de Umbanda em casa, pode ser feito no mesmo, trocando a vela comum por uma de sete dias da mesma cor. O resto segue igual, e depois de queimar a vela de sete dias despache tudo num dos locais citados acima sem ritual algum, pois o mesmo já foi velado, ou enterre no seu pátio sem problema algum.

Se preferir, para fortalecer ainda mais o feitiço, na hora do ritual cante ou recite um ponto bem bonito de Ciganos de sua preferência.

Os pós de ouro e prata você encontra nas casas que vendem artigos de Umbanda.

Feitiço para Ter Sorte na Vida

Material necessário

- Uma bandeja dourada redonda
- Um lenço amarelo ou tecido
- Um imã
- Uma ferradura de cavalo
- Um dado
- Sete moedas quaisquer
- Sete incensos ciganos ou da sorte
- Uma vela comum
- Uma caixa de fósforos

Modo de fazer

Forre a bandeja com o lenço.

Passe suavemente no seu corpo enquanto faz o seu pedido ao Cigano, ou à Cigana de sua preferência ou simplesmente ao Povo Cigano, o lenço, o imã, a ferradura, o dado e as moedas e deposite na bandeja. Feito isso pegue todo material e dirija-se para um mato, beira de rio, campestre, campo, estrada etc.

Chegando ao local escolha um lugar limpo para arriar o ritual e faça dessa forma: arrie a bandeja no chão, ao lado acenda a vela não muito próxima para evitar que caia e pegue fogo na bandeja. Do outro lado da bandeja acenda os incensos e deixe a caixa de fósforos semiaberta com a cabeça dos palitos para fora ao lado.

Faça uma prece e peça ajuda ao Cigano ou à Cigana de sua preferência ou simplesmente ao Povo Cigano no que você deseja no momento e se for do seu merecimento, que você possa ser atendida (o).

Faça isso com bastante fé e pensamento positivo no que você deseja.

Reforce o pedido ao Cigano, Cigana ou Povo Cigano e saia dando alguns passos para trás de frente para o ritual, ou seja, sem virar as costas de imediato para o ritual.

Se possível, ao chegar em casa ou no outro dia acenda um incenso Cigano e tome um banho de água com mel e bastante perfume.

Obs.: Se você tiver Altar Cigano ou congal de Umbanda em casa, pode ser feito no mesmo, trocando a vela comum por uma de sete dias da mesma cor. O resto segue igual, e depois de queimar a vela de sete dias despache tudo num dos locais citados acima sem ritual algum, pois o mesmo já foi velado, ou enterre no seu pátio sem problema algum.

Se preferir, para fortalecer ainda mais o feitiço, na hora do ritual cante ou recite um ponto bem bonito de Ciganos de sua preferência.

Feitiço para Resolver Problemas Difíceis

Material necessário

- Uma bandeja de papelão média
- Um lenço verde
- Alguns tipos de legumes
- Sete pedaços de peixes fritos
- Uma clara de ovo batida em neve
- Um pedaço de papel com os pedidos e caneta sem uso
- Uma vela verde
- Sete incensos ciganos
- Uma caixa de fósforos

Modo de fazer

Forre a bandeja com o lenço.

Faça uma salada verde com os legumes misturados e coloque na bandeja em cima do papel e da caneta, com os pedidos escritos no papel. Em cima da salada verde distribua os sete pedaços de peixes fritos.

Cubra tudo com a clara em neve.

Pegue a bandeja, vela e os incensos e dirija-se para um mato, beira de rio, campestre, campo, estrada etc.

Chegando ao local escolha um lugar limpo para arriar o ritual e faça dessa forma:

Arrie a bandeja no chão. Ao lado, acenda a vela não muito próxima para evitar que caia e pegue fogo na bandeja. Do outro lado da bandeja acenda os incensos e deixe a caixa de fósforos semiaberta com a cabeça dos palitos para fora ao lado.

Faça uma prece e peça ajuda ao Cigano ou à Cigana de sua preferência ou simplesmente ao Povo Cigano no que você deseja no momento e se for do seu merecimento, que você possa ser atendida (o).

Faça isso com bastante fé e pensamento positivo no que você deseja.

Reforce o pedido ao Cigano, à Cigana ou Povo Cigano e saia dando alguns passos para trás de frente para o ritual, ou seja, sem virar as costas de imediato para o ritual.

Se possível, ao chegar em casa ou no outro dia acenda um incenso Cigano e tome um banho de água com mel e bastante perfume.

Obs.: Essa bandeja e a vela pode ser passada no corpo da pessoa em casa antes de sair para a realização do ritual fazendo os pedidos, ou até mesmo no local na hora de realizar a entrega.

Se você tiver Altar Cigano ou congal de Umbanda em casa, pode ser feito no mesmo, trocando a vela comum por uma de sete dias da mesma cor. O resto segue igual, e depois de queimar a vela de sete dias despache tudo num dos locais citados acima sem ritual algum, pois o mesmo já foi velado e está velho, ou enterre no seu pátio sem problema algum.

Se preferir, para fortalecer ainda mais o feitiço, na hora do ritual cante ou recite um ponto bem bonito de Ciganos de sua preferência.

Feitiço para Atrair Coisas Boas (1)

Material necessário

- Uma bandeja de papelão média
- Um lenço amarelo ou tecido
- Alguns tipos de frutas que não sejam ácidas
- Sete pedaços de carne de porco fritas no mel
- Uma clara de ovo batida em neve
- Um pedaço de papel e caneta sem uso
- Uma vela amarela
- Sete incensos ciganos
- Uma caixa de fósforos

Modo de fazer

Forre a bandeja com o lenço.

Pique as frutas e faça uma salada de frutas bem sequinha, ou seja, sem caldo.

Coloque na bandeja, em cima do papel e da caneta, os pedidos escritos no papel.

Em cima da salada de fruta distribua os sete pedaços de carne frita.

Cubra tudo com a clara em neve.

Pegue a bandeja, vela e os incensos e dirija-se para um mato, beira de rio, campestre, campo, estrada etc.

Chegando ao local escolha um lugar limpo para arriar o ritual e faça dessa forma:

Arrie a bandeja no chão. Ao lado acenda a vela não muito próxima para evitar que caia e pegue fogo na bandeja. Do outro lado da bandeja acenda os incensos e deixe a caixa de fósforos semiaberta com a cabeça dos palitos para fora ao lado.

Faça uma prece e peça ajuda ao Cigano ou à Cigana de sua preferência ou simplesmente ao Povo Cigano no que você deseja no momento e se for do seu merecimento, que você possa ser atendida (o).

Faça isso com bastante fé e pensamento positivo no que você deseja.

Reforce o pedido ao Cigano, Cigana ou Povo Cigano e saia dando alguns passos para trás de frente para o ritual, ou seja, sem virar as costas de imediato para o ritual.

Se possível, ao chegar em casa ou no outro dia acenda um incenso Cigano e tome um banho de água com mel e bastante perfume.

Obs.: Essa bandeja e a vela pode ser passada no corpo da pessoa em casa antes de sair para a realização do ritual fazendo os pedidos, ou até mesmo no local na hora de realizar a entrega.

Se você tiver Altar Cigano ou congal de Umbanda em casa, pode ser feito no mesmo, trocando a vela comum por uma de sete dias da mesma cor. O resto segue igual, e depois de queimar a vela de sete dias despache tudo num dos locais citados acima sem ritual algum, pois o mesmo já foi velado e está velho, ou enterre no seu pátio sem problema algum.

Se preferir, para fortalecer ainda mais o feitiço, na hora do ritual cante ou recite um ponto bem bonito de Ciganos de sua preferência.

Feitiço para Atrair Coisas Boas (2)

Material necessário

- Uma bandeja de papelão média
- Um lenço branco ou tecido
- Alguns tipos de frutas que não sejam ácidas
- Sete diferentes tipos de doces
- Uma clara de ovo batida em neve
- Um pedaço de papel e caneta sem uso
- Uma vela branca
- Sete incensos ciganos
- Uma caixa de fósforos

Modo de fazer

Forre a bandeja com o lenço.

Pique as frutas e faça uma salada de frutas bem sequinha, ou seja, sem caldo.

Coloque na bandeja em cima do papel e da caneta, os pedidos escritos no papel.

Em cima da salada de fruta distribua os sete doces.

Cubra tudo com a clara em neve.

Pegue a bandeja, vela e os incensos e dirija-se para um mato, beira de rio, campestre, campo, estrada etc.

Chegando ao local escolha um lugar limpo para arriar o ritual e faça dessa forma:

Arrie a bandeja no chão. Ao lado acenda a vela não muito próxima para evitar que caia e pegue fogo na bandeja. Do outro lado da bandeja acenda os incensos e deixe a caixa de fósforos semiaberta com a cabeça dos palitos para fora ao lado.

Faça uma prece e peça ajuda ao Cigano ou Cigana de sua preferência ou simplesmente ao Povo Cigano no que você deseja no momento e se for do seu merecimento, que você possa ser atendida (o).

Faça isso com bastante fé e pensamento positivo no que você deseja.

Reforce o pedido ao Cigano, Cigana ou Povo Cigano e saia dando alguns passos para trás de frente para o ritual, ou seja, sem virar as costas de imediato para o ritual.

Se possível, ao chegar em casa ou no outro dia acenda um incenso Cigano e tome um banho de água com mel e bastante perfume.

Obs.: Essa bandeja e a vela pode ser passada no corpo da pessoa em casa antes de sair para a realização do ritual fazendo os pedidos, ou até mesmo no local na hora de realizar a entrega.

Os sete doces são doces de padaria, ex.: casadinho, sonho, broas etc.

Se você tiver Altar Cigano ou congal de Umbanda em casa, pode ser feito no mesmo, trocando a vela comum por uma de sete dias da mesma cor. O resto segue igual, e depois de queimar a vela de sete dias despache tudo num dos locais citados acima sem ritual algum, pois o mesmo já foi velado e está velho, ou enterre no seu pátio sem problema algum.

Se preferir, para fortalecer ainda mais o feitiço, na hora do ritual cante ou recite um ponto bem bonito de Ciganos de sua preferência.

Feitiço para Atrair Emprego

Material necessário

- Uma bandeja de papelão média
- Um lenço vermelho
- Mel
- Um imã
- Farinha de milho média ou grossa
- Sete moedas quaisquer
- Um pacote de lentilha
- Uma vela vermelha
- Sete incensos ciganos
- Uma caixa de fósforos

Modo de fazer

Forre a bandeja com o lenço.

Faça uma farofa com a farinha de milho e mel de maneira que fique sequinha e soltinha.

Coloque a farofa na bandeja. Em cima da farofa no centro da bandeja coloque o imã. Na volta da bandeja coloque as moedas cravadas no sentido como se fosse rolar para o centro da bandeja em direção ao imã.

Cubra todo com a lentilha crua. Se tiver algum nome com promessa de emprego coloque na bandeja embaixo da farofa.

Pegue a bandeja, vela e os incensos e dirija-se para um mato, beira de rio, campestre, campo, estrada etc.

Chegando ao local escolha um lugar limpo para arriar o ritual e faça dessa forma:

Arrie a bandeja no chão. Ao lado acenda a vela não muito próxima para evitar que caia e pegue fogo na bandeja. Do outro lado da bandeja acenda os incensos e deixe a caixa de fósforos semiaberta com a cabeça dos palitos para fora ao lado.

Faça uma prece e peça ajuda ao Cigano ou Cigana de sua preferência ou simplesmente ao Povo Cigano no que você deseja no momento e se for do seu merecimento, que você possa ser atendida (o).

Faça isso com bastante fé e pensamento positivo no que você deseja.

Reforce o pedido ao Cigano, Cigana ou Povo Cigano e saia dando alguns passos para trás de frente para o ritual, ou seja, sem virar as costas de imediato para o ritual.

Se possível, ao chegar em casa ou no outro dia acenda um incenso Cigano e tome um banho de água com mel e bastante perfume.

Obs.: Essa bandeja e a vela pode ser passada no corpo da pessoa em casa antes de sair para a realização do ritual fazendo os pedidos, ou até mesmo no local na hora de realizar a entrega.

Se você tiver Altar Cigano ou congal de Umbanda em casa, pode ser feito no mesmo, trocando a vela comum por uma de sete dias da mesma cor. O resto segue igual, e depois de queimar a vela de sete dias despache tudo num dos locais citados acima sem ritual algum, pois o mesmo já foi velado e está velho, ou enterre no seu pátio sem problema algum.

Se preferir, para fortalecer ainda mais o feitiço, na hora do ritual cante ou recite um ponto bem bonito de Ciganos de sua preferência.

Feitiço para Encontrar um Amor

Material necessário

- Uma bandeja de papelão média
- Um lenço vermelho
- Farinha de mandioca
- Mel
- Erva-doce
- Açúcar cristal
- Perfume do amor ou de seu uso
- Um champanhe
- Uma rosa vermelha
- Uma vela vermelha
- Sete incensos de rosas vermelhas
- Uma caixa de fósforos

Modo de fazer

Forre a bandeja com o lenço.

Faça uma farofa misturando a farinha de mandioca, mel, erva-doce, açúcar, umas gotas de perfume e um pouco de champanhe, de maneira que fique sequinha e soltinha.

Coloque a farofa na bandeja. Se quiser pode colocar o nome de algum pretendente na bandeja em baixo da farofa.

Pegue a bandeja, vela, rosa, sobra do champanhe e os incensos e dirija-se para um mato, beira de rio, campestre, campo, estrada etc.

Chegando ao local escolha um lugar limpo para arriar o ritual e faça dessa forma:

Arrie a bandeja no chão. Ao lado acenda a vela não muito próxima para evitar que caia e pegue fogo na bandeja. Do outro lado da bandeja acenda os incensos e deixe a caixa de fósforos semiaberta com a cabeça dos palitos para fora ao lado.

Na frente da bandeja deixe a garrafa com a sobra do champanhe em pé com a rosa no bico da garrafa, depois de virar um pouco no chão saudando e chamando pelo Cigano ou Cigana que você escolheu para o ritual ou simplesmente povo cigano.

Faça uma prece e peça ajuda ao Cigano ou Cigana ou Povo Cigano no que você deseja no momento e se for do seu merecimento, que você possa ser atendida (o).

Faça isso com bastante fé e pensamento positivo no que você deseja.

Reforce o pedido ao Cigano, Cigana ou Povo Cigano e saia dando alguns passos para trás de frente para o ritual, ou seja, sem virar as costas de imediato para o ritual.

Se possível, ao chegar em casa ou no outro dia acenda um incenso Cigano e tome um banho de água com mel e bastante perfume.

Obs.: Essa bandeja, a vela, a rosa, podem ser passadas no corpo da pessoa em casa antes de sair para a realização do ritual fazendo os pedidos, ou até mesmo no local na hora de realizar a entrega.

Se você tiver Altar Cigano ou congal de Umbanda em casa, pode ser feito no mesmo, trocando a vela comum por uma de sete dias da mesma cor; o resto segue igual, e depois de queimar a vela de sete dias despache tudo num dos locais citados acima sem ritual algum, pois o mesmo já foi velado e está velho, ou enterre no seu pátio sem problema algum.

Se preferir, para fortalecer ainda mais o feitiço, na hora do ritual cante ou recite um ponto bem bonito de Ciganos de sua preferência.

Feitiços com Perfume para Borrifar a Casa ou Comércio

Material necessário

- Um pacote de cravo pequeno
- Um litro de álcool
- Um pacote de canela em paus pequeno

Modo de fazer

Retire um pouquinho de álcool do litro para melhor chacoalhar e coloque o pacote de cravo e a canela dentro do litro de álcool.

Durante uma semana dê uma chacoalhada todos os dias para melhor fusão.

Após uma semana está pronto para uso.

Vá colocando em um borrifador e todos os dias pela manhã borrife na sua casa ou comércio.

Podendo ser de manhã e à tarde, se assim preferir.

Nessa hora, peça tudo de bom ao povo Cigano, principalmente paz, saúde, felicidades e dinheiro.

Obs.: Após terminar o litro, caso queira fazer mais, a canela e o cravo devem ser trocados.

Feitiço para Atrair Riqueza e Afastar o Mal

Material necessário

- Uma maçã grande e bonita
- Um pacotinho de cravo
- Um pacotinho de canela em pau
- Um pires
- Sete moedas quaisquer
- Uma vela branca

Modo de fazer

Coloque as moedas no pires.

Espete os cravos e as canelas em toda a maçã e coloque a maçã no pires em cima das moedas.

Coloque esse pires num lugar discreto da casa ou comércio, tipo estante, prateleira e acenda uma vela branca ao lado, pedindo tudo de bom para o povo Cigano, principalmente saúde, paz, felicidades e dinheiro.

Querendo pode colocar junto no pires um imã pequeno.

Obs.: Troque a cada duas semanas, mas acenda a vela só uma vez, na hora de colocar a primeira vez e depois só quando for trocar de novo.

Despache em área verde ou local que tenha terra.

As moedas e o pires não são despachados, somente a maça.

Feitiço para Atrair Coisas Boas

Material necessário

- Perfume que pode ser de seu uso
- Uma tigela de louça pequena
- Sete moedas quaisquer
- Uma vela amarela
- Mel
- Um pedaço de imã

Modo de fazer

Coloque água na tigela, não precisa encher muito, quatro colheres de mel e mexa bem para dissolver o mel.

Após, coloque o imã e as moedas pegas no mesmo, dentro da tigela.

Por último um pouquinho de perfume.

Coloque essa tigela num lugar discreto da casa ou comércio, tipo estante, prateleira, e acenda uma vela amarela ao lado, pedindo tudo de bom para o povo Cigano, principalmente saúde, paz, felicidades e dinheiro.

Obs.: Troque a cada duas semanas, mas acenda a vela só uma vez, na hora de colocar a primeira vez, e depois só quando for trocar de novo.

Despache em área verde ou local que tenha terra.

A tigela não se despacha, somente o líquido.

PRETOS VELHOS

Feitiço para Fazer um Pedido (1)

Material necessário

- Uma toalha ou tecido xadrez ou papel de seda branco e preto
- Sete cravos brancos
- Uma garrafa de cachaça
- Um copo
- Uma vela bicolor branca e preta
- Um palheiro
- Uma caixa de fósforos

Modo de fazer

Pegue todo o material e dirija-se para um mato, estrada ou encruzilhada de terra.

Chegando ao local escolha um lugar limpo para arriar o ritual e faça dessa forma:

Arrie no chão a toalha, tecido ou os papéis de sedas como mesa.

Abra a cachaça, vire um pouco no chão fora da mesa em forma de cruz saudando e chamando pelo Preto Velho escolhido para o ritual. Coloque um pouco no copo e deixe o copo com a garrafa com o que restou no centro da mesa, um do lado do outro.

Acenda a vela no lado de fora da mesa, não muito próxima para evitar que caia e pegue fogo na mesa.

Acenda o palheiro, dê três baforadas para cima fazendo o pedido e deixe em cima da caixa de fósforos semiaberta com a cabeça dos palitos para fora, em cima da mesa junto com a cachaça e o copo.

Coloque os sete cravos em cima da mesa circulando a cachaça, copo e palheiro.

Faça uma prece e peça ajuda ao Preto Velho que você escolheu no que você deseja no momento e se for do seu merecimento, que você possa ser atendida (o).

Faça isso com bastante fé e pensamento positivo no que você deseja.

Reforce o pedido ao Preto Velho e saia dando alguns passos para trás de frente para o ritual, ou seja, sem virar as costas de imediato para o ritual.

Se possível, ao chegar em casa ou no outro dia tome um banho de ervas com mel e bastante perfume.

Obs.: Os cravos, vela e palheiro podem ser passados no corpo da pessoa em casa antes de sair para a realização do ritual fazendo os pedidos, ou até mesmo no local na hora de realizar a entrega.

Se você tiver congal de Umbanda em casa, pode ser feito no mesmo, trocando a vela comum por uma de sete dias da mesma cor; o resto segue igual, e depois de queimar a vela de sete dias despache tudo num dos locais citados acima sem ritual algum, pois o mesmo já foi velado e está velho, ou enterre no seu pátio sem problema algum. Nesse caso, o copo e garrafa não são enterrados, apenas vire o líquido.

Esse ritual pode ser feito a qualquer Preto Velho ou Africano. E se optar por fazer a uma Preta Velha, apenas troque a cachaça por um vinho tinto suave e os cravos por rosas. O resto segue igual.

Se preferir, para fortalecer ainda mais o feitiço, na hora do ritual cante ou recite um ponto bem bonito de Preto Velho de sua preferência.

Feitiço para Fazer um Pedido (2)

Material necessário

- Uma xícara com café
- Um copo de vidro transparente com água
- Um palheiro
- Uma vela bicolor branca e preta
- Uma caixa de fósforos

Modo de fazer

Pegue todo o material e dirija-se para um mato, estrada ou encruzilhada de terra.

Chegando ao local escolha um lugar limpo para arriar o ritual e faça dessa forma:

Arrie no chão a xícara com o café e o copo com água ao lado.

Acenda a vela no lado da xícara e o palheiro no lado do copo com água depois de dar três baforadas para cima fazendo o pedido, e deixe em cima da caixa de fósforos semiaberta com a cabeça dos palitos para fora.

Faça uma prece e peça ajuda ao Preto Velho ou Preta Velha que você escolheu no que você deseja no momento, e se for do seu merecimento, que você possa ser atendida (o).

Faça isso com bastante fé e pensamento positivo no que você deseja.

Reforce o pedido ao Preto Velho ou Preta Velha e saia dando alguns passos para trás de frente para o ritual, ou seja, sem virar as costas de imediato para o ritual.

Se possível, ao chegar em casa ou no outro dia tome um banho de ervas com mel e bastante perfume.

Obs.: A vela e palheiro podem ser passados no corpo da pessoa em casa antes de sair para a realização do ritual fazendo os pedidos, ou até mesmo no local na hora de realizar a entrega.

Se você tiver congal de Umbanda em casa, pode ser feito no mesmo, trocando a vela comum por uma de sete dias da mesma cor; o resto segue igual, e depois de queimar a vela de sete dias despache tudo num dos locais citados acima sem ritual algum, pois o mesmo já foi velado e está velho, ou enterre no seu pátio sem problema algum. Nesse caso o copo e a xícara não são enterrados, apenas vire o líquido.

Esse ritual pode ser feito a qualquer Preto Velho, Preta Velha ou Africano.

Querendo, pode colocar nomes de pessoas ou pedidos escritos em um papel pequeno dentro da xícara com café e no copo com água.

Se preferir, para fortalecer ainda mais o feitiço, na hora do ritual cante ou recite um ponto bem bonito de Preto Velho de sua preferência.

Feitiço para Fazer um Pedido (3)

Material necessário

- Uma bandeja pequena
- Papel de seda branco e preto
- Uma xícara com café
- Sete fatias pequenas de bolo de milho
- 21 folhas de laranjeiras
- Um palheiro
- Uma vela bicolor branca e preta
- Uma caixa de fósforos

Modo de fazer

Enfeite a bandeja com os papéis de sedas e coloque as sete fatias de bolo. Circule a bandeja nas beiradas com as 21 folhas de laranjeiras.

Pegue todo o material e dirija-se para um mato, estrada ou encruzilhada de terra.

Chegando ao local escolha um lugar limpo para arriar o ritual e faça dessa forma:

Arrie no chão a bandeja com os bolos e ao lado a xícara com o café.

Acenda a vela no lado da xícara e o palheiro no outro lado da bandeja depois de dar três baforadas para cima fazendo o pedido, e deixe em cima da caixa de fósforos semiaberta com a cabeça dos palitos para fora.

Faça uma prece e peça ajuda ao Preto Velho ou Preta Velha que você escolheu no que você deseja no momento, e se for do seu merecimento, que você possa ser atendida (o).

Faça isso com bastante fé e pensamento positivo no que você deseja.

Reforce o pedido ao Preto Velho ou Preta Velha e saia dando alguns passos para trás de frente para o ritual, ou seja, sem virar as costas de imediato para o ritual.

Se possível, ao chegar em casa ou no outro dia tome um banho de ervas com mel e bastante perfume.

Obs.: A vela, a bandeja e palheiro podem ser passados no corpo da pessoa em casa antes de sair para a realização do ritual fazendo os pedidos, ou até mesmo no local na hora de realizar a entrega.

Se você tiver congal de Umbanda em casa, pode ser feito no mesmo, trocando a vela comum por uma de sete dias da mesma cor; o resto segue igual, e depois de queimar a vela de sete dias despache tudo num dos locais citados acima sem ritual algum, pois o mesmo já foi velado e está velho, ou enterre no seu pátio sem problema algum. Nesse caso a xícara não é enterrada, apenas vire o líquido.

Esse ritual pode ser feito a qualquer Preto Velho, Preta Velha ou Africano.

Querendo, pode colocar nomes de pessoas ou pedidos escritos em um papel pequeno dentro da xícara com café.

Se preferir, para fortalecer ainda mais o feitiço, na hora do ritual cante ou recite um ponto bem bonito de Preto Velho de sua preferência.

Feitiço para Fazer um Pedido (4)

Material necessário

- Um rosário de Nossa Senhora ou uma guia de Preto Velho
- Algumas folhas de guiné
- Algumas folhas de arruda
- Algumas folhas de alecrim
- Uma cebola
- Três dentes de alho
- Uma vela bicolor branca e preta

Modo de fazer

Pegue todo o material e dirija-se para um mato, estrada ou encruzilhada de terra.

Chegando ao local escolha um lugar limpo para arriar o ritual e faça dessa forma:

Arrie no chão o rosário de Nossa Senhora aberto.

Bem no centro acenda a vela. De um lado da vela coloque a cebola. Do outro lado coloque os dentes de alho. Em volta da vela, cebola e alho, distribua as folhas de guiné, arruda e alecrim.

Faça uma prece e peça ajuda ao Preto Velho ou Preta Velha que você escolheu no que você deseja no momento, e se for do seu merecimento, que você possa ser atendida (o).

Faça isso com bastante fé e pensamento positivo no que você deseja.

Reforce o pedido ao Preto Velho ou Preta Velha e saia dando alguns passos para trás de frente para o ritual, ou seja, sem virar as costas de imediato para o ritual.

Se possível, ao chegar em casa ou no outro dia tome um banho de ervas com mel e bastante perfume.

Obs.: A vela e as ervas, a cebola e os dentes de alho podem ser passados no corpo da pessoa em casa antes de sair para a realização do ritual fazendo os pedidos, ou até mesmo no local na hora de realizar a entrega.

Se você tiver congal de Umbanda em casa, pode ser feito no mesmo, trocando a vela comum por uma de sete dias da mesma cor; o resto segue igual, e depois de queimar a vela de sete dias despache tudo num dos locais citados acima sem ritual algum, pois o mesmo já foi velado e está velho, ou enterre no seu pátio sem problema algum.

Esse ritual pode ser feito a qualquer Preto Velho ou Preta Velha.

Caso você não consiga todos os itens pode fazer somente com os que conseguiu.

Se preferir, para fortalecer ainda mais o feitiço, na hora do ritual cante ou recite um ponto bem bonito de Preto Velho de sua preferência.

Feitiço para Afastar um Inimigo

Material necessário

- Uma bandeja de papelão pequena
- Papel de seda branco e preto
- Sal grosso de churrasco sem tempero
- Um cachimbo marrom ou branco
- Algumas folhas de arrudas
- Papel com o nome do inimigo
- Sete velas bicolores brancas e pretas
- Uma caixa de fósforos

Modo de fazer

Decore a bandeja com os papéis de sedas e coloque o sal grosso.

Coloque o papel com o nome do inimigo dobrado dentro do cachimbo e soque as folhas de arruda até encher o cachimbo.

Coloque o cachimbo na bandeja, no centro em cima do sal grosso.

Pegue todo o material e dirija-se para um mato, estrada ou encruzilhada de terra.

Chegando ao local escolha um lugar limpo para arriar o ritual e faça dessa forma:

Arrie no chão a bandeja e circule toda com as sete velas acesas na volta da bandeja. Deixe a caixa de fósforos semiaberta com a cabeça dos palitos para fora.

Faça uma prece e peça ajuda ao Preto Velho ou Preta Velha que você escolheu no que você deseja no momento, e se for do seu merecimento, que você possa ser atendida (o).

Faça isso com bastante fé e pensamento positivo no que você deseja.

Reforce o pedido ao Preto Velho ou Preta Velha e saia dando alguns passos para trás de frente para o ritual, ou seja, sem virar as costas de imediato para o ritual.

Se possível ao chegar em casa ou no outro dia tome um banho de ervas com mel e bastante perfume.

Obs.: A vela pode ser passada no corpo da pessoa em casa antes de sair para a realização do ritual fazendo os pedidos, ou até mesmo no local na hora de realizar a entrega.

Se você tiver congal de Umbanda em casa, pode ser feito no mesmo, trocando a vela comum por uma de sete dias da mesma cor; o resto segue igual, e depois de queimar a vela de sete dias despache tudo num dos locais citados acima sem ritual algum, pois o mesmo já foi velado e está velho, ou enterre no seu pátio sem problema algum.

Esse ritual pode ser feito a qualquer Preto Velho ou Preta Velha.

Se preferir, para fortalecer ainda mais o feitiço, na hora do ritual cante ou recite um ponto bem bonito de Preto Velho de sua preferência.

Feitiço para Abrir Caminhos

Material necessário

- Uma garrafa de cachaça
- Um pouco de mel
- Um palheiro
- Uma caixa de fósforos
- Sete galhos de arruda
- Uma vela bicolor branca e preta

Modo de fazer

Retire um pouco bom de cachaça da garrafa e coloque a mesma quantia de mel. Feche e chacoalhe bem até ficar um melado.

Pegue todo o material e dirija-se para um mato, estrada ou encruzilhada de terra.

Chegando ao local escolha um lugar limpo para arriar o ritual e faça dessa forma:

Abra o melado, vire um pouco no chão em forma de cruz saudando e chamando pelo Preto Velho escolhido para o ritual.

Arrie a garrafa em pé no chão com o que sobrou do melado.

Acenda a vela no lado da garrafa e do outro lado acenda o palheiro, dê três baforadas para cima fazendo o pedido e deixe em cima da caixa de fósforos semiaberta com a cabeça dos palitos para fora.

Circule tudo com os sete galhos de arruda.

Faça uma prece e peça ajuda ao Preto Velho que você escolheu no que você deseja no momento e se for do seu merecimento, que você possa ser atendida (o).

Faça isso com bastante fé e pensamento positivo no que você deseja.

Reforce o pedido ao Preto Velho e saia dando alguns passos para trás de frente para o ritual, ou seja, sem virar as costas de imediato para o ritual.

Se possível, ao chegar em casa ou no outro dia tome um banho de ervas com mel e bastante perfume.

Obs.: A vela o palheiro e os galhos de arrudas podem ser passados no corpo da pessoa em casa antes de sair para a realização do ritual fazendo os pedidos, ou até mesmo no local na hora de realizar a entrega.

Se você tiver congal de Umbanda em casa, pode ser feito no mesmo, trocando a vela comum por uma de sete dias da mesma cor; o resto segue igual, e depois de queimar a vela de sete dias despache tudo num dos locais citados acima sem ritual algum, pois o mesmo já foi velado e está velho, ou enterre no seu pátio sem problema algum. Nesse caso, a garrafa não é enterrada, apenas vire o líquido.

Esse ritual pode ser feito a qualquer Preto Velho ou Africano. E se optar por fazer a uma Preta Velha, apenas troque a cachaça por um vinho tinto suave. O resto segue igual.

Se preferir, para fortalecer ainda mais o feitiço, na hora do ritual cante ou recite um ponto bem bonito de Preto Velho de sua preferência.

Feitiço Contra o Olho

Material necessário

- Um copo com cachaça
- Um galho de arruda
- Um dente de alho
- Uma pedra de carvão
- Um palheiro
- Uma caixa de fósforos
- Uma vela bicolor branca e preta

Modo de fazer

Pegue todo o material e dirija-se para um mato, estrada ou encruzilhada de terra.

Chegando ao local escolha um lugar limpo para arriar o ritual e faça dessa forma:

Arrie o copo com cachaça no chão e coloque dentro do copo a arruda, o dente de alho e o carvão.

Acenda a vela no lado do copo e do outro lado acenda o palheiro, dê três bafaradas para cima fazendo o pedido e deixe em cima da caixa de fósforos semiaberta com a cabeça dos palitos para fora.

Faça uma prece e peça ajuda ao Preto Velho que você escolheu no que você deseja no momento e se for do seu merecimento, que você possa ser atendida (o).

Faça isso com bastante fé e pensamento positivo no que você deseja.

Reforce o pedido ao Preto Velho e saia dando alguns passos para trás de frente para o ritual, ou seja, sem virar as costas de imediato para o ritual.

Se possível, ao chegar em casa ou no outro dia tome um banho de ervas com mel e bastante perfume.

Obs.: A vela, o palheiro, o dente de alho e o galho de arruda podem ser passados no corpo da pessoa em casa antes de sair para a realização do ritual fazendo os pedidos, ou até mesmo no local na hora de realizar a entrega.

Se você tiver congal de Umbanda em casa, pode ser feito no mesmo, trocando a vela comum por uma de sete dias da mesma cor; o resto segue igual, e depois de queimar a vela de sete dias despache tudo num dos locais citados acima sem ritual algum, pois o mesmo já foi velado e está velho, ou enterre no seu pátio sem problema algum. Nesse caso o copo não é enterrado, apenas vire o líquido.

Esse ritual pode ser feito a qualquer Preto Velho ou Africano. E se optar por fazer a uma Preta Velha, apenas troque a cachaça por um vinho tinto suave. O resto segue igual.

Querendo, você fazer esse ritual e colocar num jardim da sua casa ou num canto discreto de sua casa de moradia ou comercial.

Se for feito dentro de casa, queime o palheiro, após a cinza deve ser depositada na rua.

Repita o ritual todas as segundas-feiras trocando tudo com exceção do copo que pode ser reutilizado.

Se preferir, para fortalecer ainda mais o feitiço, na hora do ritual cante ou recite um ponto bem bonito de Preto Velho de sua preferência.

Feitiço para Afastar o Inimigo

Material necessário

- Nove rosas brancas
- Nove papéis pequenos cada um com o nome da pessoa
- Uma caixa de fósforos
- Uma vela bicolor branca e preta

Modo de fazer

Dobre bem miudinho os papéis com o nome da pessoa e coloque cada um escondido dentro de cada rosa.

Pegue todo o material e dirija-se para um cemitério.

Chegando ao local escolha um lugar discreto para arriar o ritual e faça dessa forma:

Arrie as flores no chão. Acenda a vela ao lado das flores e deixe a caixa de fósforos semiaberta com a cabeça dos palitos para fora.

Faça uma prece e peça ajuda ao Preto Velho ou Preta Velha de alma que você escolheu no que você deseja no momento e se for do seu merecimento, que você possa ser atendida (o).

Faça isso com bastante fé e pensamento positivo no que você deseja.

Reforce o pedido ao Preto Velho ou Preta Velha de alma e saia dando alguns passos para trás de frente para o ritual, ou seja, sem virar as costas de imediato para o ritual.

Obrigatoriamente, por ter ido ao cemitério, ao chegar em casa tome um banho de ervas com mel e bastante perfume.

Obs.: Esse ritual pode ser feito a qualquer Preto Velho ou Preta Velha de alma ou Africano.

E só pode ser feito no cemitério.

Chegando em casa, após ter ido ao cemitério, não esqueça de se descarregar.

Se preferir, para fortalecer ainda mais o feitiço, na hora do ritual cante ou recite um ponto bem bonito de Preto Velho de sua preferência.

Feitiço para Vencer uma Demanda
Material necessário

- Uma garrafa de cachaça misturada com mel e arruda
- Sete velas bicolores brancas e pretas
- Sete palheiros
- Sete caixas de fósforos

Modo de fazer

Pegue todo o material e dirija-se para um mato, estrada ou encruzilhada de terra.

Chegando ao local escolha um lugar limpo para arriar o ritual e faça dessa forma:

Arrie a garrafa no chão, depois de virar um pouco no chão em forma de cruz saudando e chamando pelo Preto Velho ou Preta Velha que você escolheu para o ritual.

Acenda as velas na volta circulando a garrafa.

Acenda os palheiros, dê três baforadas para cima fazendo o pedido e deixe cada um em cima de cada caixa de fósforos semiaberta com a cabeça dos palitos para fora, circulando a garrafa e as velas.

Faça uma prece e peça ajuda ao Preto Velho ou Preta Velha no que você deseja no momento e se for do seu merecimento, que você possa ser atendida (o).

Faça isso com bastante fé e pensamento positivo no que você deseja.

Reforce o pedido ao Preto Velho ou Preta Velha e saia dando alguns passos para trás de frente para o ritual, ou seja, sem virar as costas de imediato para o ritual.

Se possível, ao chegar em casa ou no outro dia tome um banho de ervas com mel e bastante perfume.

Obs.: As velas, os palheiros podem ser passados no corpo da pessoa em casa antes de sair para a realização do ritual fazendo os pedidos, ou até mesmo no local na hora de realizar a entrega.

Se você tiver congal de Umbanda em casa, pode ser feito no mesmo, trocando a vela comum por uma de sete dias da mesma cor; o resto segue igual, e depois de queimar a vela de sete dias despache tudo num dos locais citados acima sem ritual algum, pois o mesmo já foi velado e está velho, ou enterre no seu pátio sem problema algum. Nesse caso, a garrafa não é enterrada, apenas vire o líquido.

Esse ritual pode ser feito a qualquer Preto Velho, Preta Velha ou Africano.

Se preferir, para fortalecer ainda mais o feitiço, na hora do ritual cante ou recite um ponto bem bonito de Preto Velho de sua preferência.

Feitiço para o Amor

Material necessário

- Uma bandeja de papelão pequena
- Um papel de seda branco e outro preto
- Sete rapaduras de leite
- Sete rapaduras de palha
- Sete rapaduras de amendoim
- Uma garrafa de cachaça
- Sete velas bicolores brancas e pretas
- Um palheiro
- Uma caixa de fósforos

Modo de fazer

Decore a bandeja com os papéis de seda.

Coloque as rapaduras espalhadas na bandeja.

Se for colocar nomes, coloque na bandeja embaixo dos papéis discretamente aos olhos alheios.

Pegue a bandeja e o resto do material e dirija-se para um mato, estrada ou encruzilhada de terra.

Chegando ao local escolha um lugar limpo para arriar o ritual e faça dessa forma:

Arrie a garrafa de cachaça no chão, depois de virar um pouco no chão em forma de cruz saudando e chamando pelo Preto Velho que você escolheu para o ritual e deixe a garrafa em pé com o que restou do líquido.

Ao lado da cachaça, arrie a bandeja e, do outro lado da bandeja, deixe o palheiro aceso depois dê dar três baforadas para cima fazendo o pedido, e deixe em cima da caixa de fósforos semiaberta com a cabeça dos palitos para fora.

Acenda as velas na volta circulando tudo. Garrafa, bandeja e palheiro, não muito próxima para evitar que caiam e pegue fogo na bandeja.

Faça uma prece e peça ajuda ao Preto Velho no que você deseja no momento e se for do seu merecimento, que você possa ser atendida (o).

Faça isso com bastante fé e pensamento positivo no que você deseja.

Reforce o pedido ao Preto Velho e saia dando alguns passos para trás de frente para o ritual, ou seja, sem virar as costas de imediato para o ritual.

Se possível, ao chegar em casa ou no outro dia tome um banho de ervas com mel e bastante perfume.

Obs.: As velas, o palheiro e a bandeja podem ser passados no corpo da pessoa em casa antes de sair para a realização do ritual fazendo os pedidos, ou até mesmo no local na hora de realizar a entrega.

Se você tiver congal de Umbanda em casa, pode ser feito no mesmo, trocando as velas comuns por uma de sete dias da mesma cor; o resto segue igual, e depois de queimar a vela de sete dias despache tudo num dos locais citados acima sem ritual algum, pois o mesmo já foi velado e está velho, ou enterre no seu pátio sem problema algum. Nesse caso a garrafa não é enterrada, apenas vire o líquido.

Esse ritual pode ser feito a qualquer Preto Velho ou Africano.

Se optar por fazer a uma Preta Velha, troque apenas a cachaça por um vinho tinto suave. O resto segue igual.

Se preferir, para fortalecer ainda mais o feitiço, na hora do ritual cante ou recite um ponto bem bonito de Preto Velho de sua preferência.

Feitiço para Atrair Dinheiro

Material necessário

- Uma bandeja de papelão média
- Um papel de seda branco e outro preto
- Farinha de mandioca
- Café
- Mel
- Sete moedas
- Uma garrafa de cachaça
- Sete velas bicolores brancas e pretas
- Um palheiro
- Uma caixa de fósforos

Modo de fazer

Decore a bandeja com os papéis de seda.

Faça um pirão bem firme cozinhando a farinha de mandioca com água, um pouco de café e um pouco de mel.

Coloque esse pirão na bandeja.

Se for colocar algum nome coloque na bandeja embaixo do pirão discretamente aos olhos alheios. Crave as sete moedas em cima do pirão.

Pegue a bandeja e o resto do material e dirija-se para um mato, estrada ou encruzilhada de terra.

Chegando ao local escolha um lugar limpo para arriar o ritual e faça dessa forma:

Arrie a garrafa de cachaça no chão, depois de virar um pouco no chão em forma de cruz saudando e chamando pelo Preto Velho que você escolheu para o ritual, e deixe a garrafa em pé com o que restou do líquido.

Ao lado da cachaça arrie a bandeja com o pirão, e do outro lado da bandeja deixe o palheiro aceso depois de dar três baforadas para cima fazendo o pedido, e deixe em cima da caixa de fósforos semiaberta com a cabeça dos palitos para fora.

Acenda as velas na volta circulando tudo. Garrafa, bandeja e palheiro, não muito próxima para evitar que caiam e pegue fogo na bandeja.

Faça uma prece e peça ajuda ao Preto Velho no que você deseja no momento, e se for do seu merecimento, que você possa ser atendida (o).

Faça isso com bastante fé e pensamento positivo no que você deseja.

Reforce o pedido ao Preto Velho e saia dando alguns passos para trás de frente para o ritual, ou seja, sem virar as costas de imediato para o ritual.

Se possível, ao chegar em casa ou no outro dia tome um banho de ervas com mel e bastante perfume.

Obs.: As velas, o palheiro e a bandeja podem ser passados no corpo da pessoa em casa antes de sair para a realização do ritual fazendo os pedidos, ou até mesmo no local na hora de realizar a entrega.

Se você tiver congal de Umbanda em casa, pode ser feito no mesmo, trocando as velas comuns por uma de sete dias da mesma cor; o resto segue igual, e depois de queimar a vela de sete dias despache tudo num dos locais citados acima sem ritual algum, pois o mesmo já foi velado e está velho, ou enterre no seu pátio sem problema algum. Nesse caso a garrafa não é enterrada, apenas vire o líquido.

Esse ritual pode ser feito a qualquer Preto Velho ou Africano.

Se optar por fazer a uma Preta Velha, troque apenas a cachaça por um vinho tinto suave. O resto segue igual.

Se preferir, para fortalecer ainda mais o feitiço, na hora do ritual cante ou recite um ponto bem bonito de Preto Velho de sua preferência.

Feitiço para Fartura

Material necessário

- Uma bandeja de papelão média
- Um papel de seda branco e outro preto
- Farinha de polenta
- Cebola
- Meio quilo de linguiça
- Farinha de mandioca
- 14 moedas quaisquer
- Uma garrafa de cachaça
- Sete velas bicolores brancas e pretas
- Um palheiro
- Uma caixa de fósforos

Modo de fazer

Decore a bandeja com os papéis de seda.

Faça uma polenta bem firme com bastante cebola em pedaços grandes, temperos verdes à vontade e corte 14 ou 21 pedaços quadrados da polenta.

Cozinhe a linguiça, corte 14 ou 21 rodelas, e enfarofe com a farinha de mandioca.

Coloque tudo na bandeja, e crave sete moedas em sete pedaços de polenta e sete moedas em sete rodelas de linguiça.

Pegue a bandeja e o resto do material e dirija-se para um mato, estrada ou encruzilhada de terra.

Chegando ao local escolha um lugar limpo para arriar o ritual e faça dessa forma:

Arrie a garrafa de cachaça no chão, depois de virar um pouco no chão em forma de cruz saudando e chamando pelo Preto Velho que você escolheu para o ritual e deixe a garrafa em pé com o que restou do líquido.

Ao lado da cachaça arrie a bandeja, e do outro lado da bandeja deixe o palheiro aceso depois de dar três baforadas para cima fazendo o pedido, e deixe em cima da caixa de fósforos semiaberta com a cabeça dos palitos para fora.

Acenda as velas na volta circulando tudo. Garrafa, bandeja e palheiro não muito próxima para evitar que caiam e pegue fogo na bandeja.

Faça uma prece e peça ajuda ao Preto Velho no que você deseja no momento, e se for do seu merecimento, que você possa ser atendida (o).

Faça isso com bastante fé e pensamento positivo no que você deseja.

Reforce o pedido ao Preto Velho e saia dando alguns passos para trás de frente para o ritual, ou seja, sem virar as costas de imediato para o ritual.

Se possível, ao chegar em casa ou no outro dia tome um banho de ervas com mel e bastante perfume.

Obs.: As velas, o palheiro e a bandeja podem ser passados no corpo da pessoa em casa antes de sair para a realização do ritual fazendo os pedidos, ou até mesmo no local na hora de realizar a entrega.

Se você tiver congal de Umbanda em casa, pode ser feito no mesmo, trocando as velas comuns por uma de sete dias da mesma cor; o resto segue igual, e depois de queimar a vela de sete dias despache tudo num dos locais citados acima sem ritual algum, pois o mesmo já foi velado e está velho, ou enterre no seu pátio sem problema algum. Nesse caso a garrafa não é enterrada, apenas vire o líquido.

Esse ritual pode ser feito a qualquer Preto Velho ou Africano.

Se optar por fazer a uma Preta Velha, troque apenas a cachaça por um vinho tinto suave. O resto segue igual.

Se preferir, para fortalecer ainda mais o feitiço, na hora do ritual cante ou recite um ponto bem bonito de Preto Velho de sua preferência.

Feitiço de Abafamento
Material necessário

- Sete ovos
- Mel
- Pó de carvão
- Sete batatas-inglesas
- Nome da pessoa
- Uma bandeja pequena ou folha de mamoneiro
- Uma vela bicolor branca e preta
- Uma caixa de fósforos

Modo de fazer

Cozinhe as sete batatas-inglesas. Ainda quentes, descasque-as e amasse com uma colher formando um purê. Depois, com as mãos forme (molde) um apeté em forma de uma bola como se fosse uma cabeça.

Depois de pronta, coloque na bandeja ou folha de mamoneiro, e com o dedo minguinho faça um furo de cada lado da bola como se fossem as orelhas; faça mais dois furos um pouco separados um do outro na frente como se fossem os olhos; abaixo dos olhos faça mais dois furos juntos como se fossem o nariz e abaixo do nariz um furo como se fosse a boca.

Pinte essa cabeça com o mel, usando o dedo como pincel. Forre a parte de trás, os lados e a parte de cima da cabeça com algodão como se fossem os cabelos da cabeça, livrando a frente dela, ou seja, o rosto.

Pegue todo o material e dirija-se para um mato, estrada ou encruzilhada de terra.

Chegando ao local escolha um lugar limpo para arriar o ritual e faça dessa forma:

Faça um buraco que caiba a cabeça.

Coloque a cabeça no buraco, por cima da cabeça mel, depois o papel com o nome, quebre os ovos em cima da cabeça e do papel e por último coloque o pó de carvão.

Feche o buraco e deixe a vela acesa em cima com a caixa de fósforos semiaberta com a cabeça dos palitos para fora.

Faça uma prece e peça ajuda ao Preto Velho ou Preta Velha que você escolheu no que você deseja no momento e se for do seu merecimento, que você possa ser atendida (o).

Faça isso com bastante fé e pensamento positivo no que você deseja.

Reforce o pedido ao Preto Velho ou Preta Velha e saia dando alguns passos para trás de frente para o ritual, ou seja, sem virar as costas de imediato para o ritual.

Se possível, ao chegar em casa ou no outro dia tome um banho de ervas com mel e bastante perfume.

Obs.: Esse ritual pode ser feito a qualquer Preto Velho, Preta Velha ou Africano. E deve ser feito numa segunda ou sexta-feira à noite.

Se preferir, para fortalecer ainda mais o feitiço, na hora do ritual cante ou recite um ponto bem bonito de Preto Velho de sua preferência.

Feitiço Contra Inimigos

Material necessário

- Uma panela de barro com tampa pequena
- Nome completo e endereço do inimigo
- Sete ovos chocos (coloque no sol por uns dias)
- Sete qualidades de pimenta
- Sete alfinetes
- Um pouco de óleo queimado
- Um pouco de óleo de dendê
- Um pouco de cachaça
- Um pouco de sal
- Um pouco de vinagre
- Pó de carvão
- Uma vela preta
- Uma caixa de fósforos

Modo de fazer

Pegue todo o material e dirija-se para um cemitério.

Chegando ao local escolha um lugar limpo para arriar o ritual e faça dessa forma:

Faça um buraco que caiba a panela. Coloque a panela no buraco e coloque o papel com o nome escrito com os alfinetes cravados no mesmo dentro da panela.

Por cima coloque os ovos, atirando dentro para que quebrem, as pimentas, o óleo queimado, o dendê, a cachaça, o sal, o vinagre e por último o pó de carvão.

Tape a panela com a tampa e tape o buraco deixando a vela acesa em cima com a caixa de fósforos semiaberta com a cabeça dos palitos para fora.

Faça uma prece e peça ajuda ao Preto Velho ou Preta Velha que você escolheu no que você deseja no momento e se for do seu merecimento, que você possa ser atendida (o).

Faça isso com bastante fé e pensamento positivo no que você deseja.

Reforce o pedido ao Preto Velho ou Preta Velha e saia dando alguns passos para trás de frente para o ritual, ou seja, sem virar as costas de imediato para o ritual.

Obrigatoriamente, por ter ido ao cemitério, ao chegar em casa tome um banho de ervas com mel e bastante perfume.

Obs.: Esse ritual pode ser feito a qualquer Preto Velho, Preta Velha de alma. E deve ser feito numa segunda ou sexta-feira à noite.

Reflita bem antes de fazer este ritual, e após fazê-lo descarregue-se bem com um banho de descarga.

Se preferir, para fortalecer ainda mais o feitiço, na hora do ritual cante ou recite um ponto bem bonito de Preto Velho de sua preferência.

IMPORTANTE: *nessa Obra estão apenas um básico de feitiços, magias, rituais e oferendas de Umbanda bem simples, mas que têm muito valor e força perante a espiritualidade.*

Só precisamos fazer de coração, com muito amor, fé e confiança que, com certeza, seremos atendidos.

Para Caboclos e Entidades de Umbanda podemos oferecer flores de todos os tipos, frutas variadas, velas, charutos, cigarros, bebidas e perfumes à vontade, sem restrição alguma.

Axé!

Recomendações Finais

- Não faça nenhum ritual de banhos, defumações, trabalhos, magias, feitiços ou oferendas quando estiver em período menstrual.

- Não faça nenhum ritual de banhos, defumações, trabalhos, magias, feitiços ou oferendas quando tiver ingerido bebida alcoólica.

- Evite relações sexuais pelo menos 24 horas antes da realização de qualquer ritual, magia, feitiços, trabalhos ou oferendas.

- Não faça nenhum ritual de banhos, defumações, trabalhos, magias, feitiços ou oferendas após ter ido ao cemitério ou velório, salvo se você se descarregar primeiro.

- Não faça nenhum ritual, trabalho, magias, feitiços ou oferendas se estiver nervoso, agitado ou até mesmo se tiver discutido com alguém.

- Sempre que fizer um ritual na praia, rio, mata, cachoeira, cemitério, encruzilhada, saúde as Entidades que ali residem e peça licença para realizar o ritual a uma determinada Entidade.

- Caso você não saiba o nome das Entidades que ali residem, saúde assim: "Salve Umbanda, Salve Quimbanda, Salve Povo da Mata, Salve Povo da Rua, Salve Povo do Cemitério, Salve da Praia, Salve os Preto-Velhos etc."

- Sempre que saudar uma Entidade que saiba o nome use a palavra "Salve" antes do nome da Entidade. Ex.: Salve Iemanjá, Salve Exu Tranca-rua, (laroiê-exu, mojubá-exu) Salve o Preto Velho Pai João, Salve Cosme e Damião etc.

- Toda vez que você fizer um ritual, trabalho, oferenda, magia, feitiço etc. numa encruzilhada ou local qualquer ou no seu assentamento, para ajudar uma pessoa, seja para qual for a finalidade, procure colocar o nome da pessoa com o Máximo de dados possíveis sobre ela. Ex.: nome completo, endereço completo, cidade, bairro, número da casa, CEP, estado etc. assim você terá melhor direcionamento ao que for fazer ou desejar. Caso não consiga todos os dados faça com o que conseguir e coloque os nomes bem discretamente para evitar os olhos alheios.

• Todos os trabalhos, rituais, magias, feitiços oferendas etc., contidos neste livro, que forem para coisas boas tipo: atrair dinheiro, negócios, amor, saúde, algum pedido, felicidade, abrir caminhos, afastar as coisas ruins, sorte, união, etc., que não forem para você mesmo, ou até mesmo sendo para você, querendo, podem ser passados no corpo da pessoa, além de levar nome e endereço completos.

• Todos os feitiços, magias, trabalhos, rituais, oferendas etc., contidos neste livro, servem para casais: homens e mulheres, homens e homens, mulheres e mulheres etc.

• Toda vez que for fazer um ritual, magia, trabalho, feitiço, oferenda etc. que for usar uma toalha, tecido ou papel de seda como toalha, querendo, pode riscar o ponto riscado da Entidade na mesma com uma pemba na cor certa da Entidade, juntamente com os pontos cardeais.

• Leia e releia este livro quantas vezes forem necessárias até aprender bem antes de realizar qualquer um desses rituais, trabalhos, magias, feitiços e oferendas. Apesar de serem todos parecidos, não o são; e um item apenas trocado ou colocado mal pode causar um efeito contrário, em vez de ajudar pode prejudicar. Caso não entenda bem ou tenha dúvida em algum dos rituais, procure alguém que entenda do assunto para orientá-lo, ou não o faça até tirar suas dúvidas.

• Cuide da natureza que é o habitat das nossas Entidades como se fosse a sua casa. Não deixe no local do ritual plásticos, vidros ou qualquer material que leve muito tempo para se deteriorar. Nos casos em que for obrigado a deixar algo tipo de plástico, vidro etc., volte ao local alguns dias depois da realização do ritual, sem problema algum, e recolha os mesmos para dar um melhor fim.

• Não se esqueça, a lei do retorno é certa. E toda a ação produz uma reação.

Feitiços, Magias e Mirongas | 183

- Qualquer trabalho, magia, ritual, feitiço, simpatia ou oferenda, citado neste livro, só terá um retorno positivo independentemente de qual seja a finalidade do mesmo, conforme sua fé, seu merecimento e o merecimento da pessoa, caso contrário, ficará em vão.

- Qualquer, feitiço, magia, trabalho, ritual, simpatia ou oferenda que você for fazer e não conseguir um determinado item, tempero, erva etc. você pode fazer sem ele ou substituí-lo por outro igual ou similar, sem problema algum. Pois, o melhor tempero e ingrediente ainda é a fé. Sem ela, nada acontecerá.

- Cuidado com velas acesas nas matas para evitar incêndios.

- Se você possui altar cigano ou congal de Umbanda, você pode fazer alguns dos rituais citados nesta obra no seu próprio altar ou congal.

Dúvidas, sugestões e esclarecimentos
E-mail: evandrorosul@bol.com.br
Ou pela nossa fan page no Facebook, Ilé àse Sàngó & Oya

Outras publicações

FEITIÇOS, MAGIAS E MIRONGAS
Evandro Mendonça

Mais uma obra que apresento a vocês, meus leitores, com muito orgulho e satisfação do dever comprido. Espero que seja do agrado de todos e que possam usufruir de todos os feitiços contidos nessa obra.

São feitiços simples mas de muita eficácia, e muitos deles hoje nem praticados mais na maioria dos terreiros. Vocês encontrarão vários feitiços com o propósito de ajudar a cada um à medida do possível e do merecimento de cada um.

Mas, para aqueles que ainda cultuam uma Umbanda antiga de amor, fé, raiz e fundamento, tenho certeza de que se identificarão com essa obra e seus feitiços.

Lembrando que esta obra é quase um segmento do meu primeiro e mais vendido livro: *Umbanda – Defumações, Banhos, Rituais, Trabalhos e Oferendas*.

Formato: 16 x 23 cm – 192 páginas

ZÉ PELINTRA – FEITIÇOS E MAGIAS
Evandro Mendonça

Este livro foi feito com muito amor e carinho, ainda mais falando em espiritualidade, doutrina, raiz e fundamentos religiosos.

É um livro simples, básico, didático, direcionado à todos aqueles médiuns novos que estão entrando para os terreiros de Umbanda, e que realmente têm o desejo de aprender.

É um livro que apresenta banhos, defumações, pontos cantados, rituais, magias, feitiços, oferendas e simpatias, da linha dos Malandros que podem ser muito úteis e usados no seu dia a dia.

Formato: 16 x 23 cm – 192 páginas

RITUAIS DE UMBANDA

Evandro Mendonça

Este livro é uma junção de antigos rituais, bem simples e fáceis de fazer, e que só vem a somar àqueles médiuns ou terreiros iniciantes.

Mas, poucos sabem que esses rituais foram, são e sempre serão, regidos por uma lei que sempre se chamou, que a chamamos e sempre chamaremos Umbanda com amor e respeito.

Portanto, dentro da religião de Umbanda, ter conhecimento dessas leis, forças, rituais e etc., significa poder.

RITUAIS DE QUIMBANDA – LINHA DE ESQUERDA

Evandro Mendonça

Essa obra é mais um trabalho dedicado aos que querem e buscam um pouco mais de conhecimento sobre como trabalhar com os exus e pombas-gira.

São rituais simples, mas muito eficazes, que podem ajudar muito o dia a dia de um médium e de um terreiro de Umbanda.

Espero que façam um bom uso desses rituais, e nunca esqueçam a lei do livre arbítrio, ação e reação e do merecimento de cada um. Somos livres para plantarmos o que quisermos, mas somos escravos para colhermos o que plantamos.

Formato: 16 x 23 cm – 192 páginas

Formato: 16 x 23 cm – 224 páginas

Outras publicações

ORIXÁS E SUAS OFERENDAS

Evandro Mendonça

Esta Obra é mais um trabalho do autor, destinada a futuros Babalorixás, Ialorixás, Babalaôs, Pais, Mães e Zeladores de Santos etc. que têm a ânsia, a força de vontade e o direito de aprender os fundamentos religiosos das nações africanas dos Orixás praticadas em solo brasileiro – muitas vezes por egoísmo, falta de conhecimento ou até mesmo para que os futuros Babalorixás, Ialorixás, Babalaôs, Pais, Mães e Zeladores de Santos etc. não fiquem na dependência religiosa do seu feitor, Baba e até mesmo do templo religioso, pois o mesmo acaba não transmitindo todos os seus conhecimentos a seus sucessores.

Dentro da religião africana não existem trabalhos, rituais, magias, oferendas e segredos que não possam ser transmitidos a esses futuros religiosos.

Formato: 16 x 23 cm – 176 páginas

FEITIÇOS DE QUIMBANDA

Evandro Mendonça

A obra é simples, mas foi feita com o coração e sempre com o intuito de ajudar e dividir com meus irmãos o aprendizado do dia a dia.

Os feitiços nela expostos são aparentemente simples, mas de bastante eficácia em seus resultados.

Para isso basta fazê-los com fé, confiança e pensamento positivo naquilo que você deseja.

Porém, muito cuidado com o que você vai pedir, pois poderá ser atendido, e não se esqueça nunca de que toda a ação produz uma reação e tudo que se planta se colhe, assim é a lei da natureza, e você tem o livre-arbítrio de escolher para si tudo que quiser e desejar, mas procure fazer sempre dentro da razão para que não crie laços eternos que possam prejudica-lo.

Formato: 16 x 23 cm – 192 páginas

UMBANDA – DEFUMAÇÕES, BANHOS, RITUAIS, TRABALHOS E OFERENDAS

Evandro Mendonça

Rica em detalhes, a obra oferece ao leitor as minúcias da prática dos rituais, dos trabalhos e das oferendas que podem mudar definitivamente a vida de cada um de nós. Oferece também os segredos da defumação, assim como os da prática de banhos. Uma obra fundamental para o umbandista e para qualquer leitor que se interesse pelo universo do sagrado. Um livro necessário e essencialmente sério, escrito com fé, amor e dedicação.

Formato: 16 x 23 cm – 208 páginas

PRETO-VELHO E SEUS ENCANTOS

Evandro Mendonça inspirado pelo Africano São Cipriano

Os Pretos-Velhos têm origens africana, ou seja: nos negros escravos contrabandeados para o Brasil, que são hoje espíritos que compõe as linhas africanas e linhas das almas na Umbanda.

São almas desencarnadas de negros que foram trazidos para o Brasil como escravos, e batizados na igreja católica com um nome brasileiro. Hoje incorporam nos seus médiuns com a intenção de ajudar as almas das pessoas ainda encarnadas na terra.

A obra aqui apresentada oferece ao leitor preces, benzimentos e simpatias que oferecidas aos Pretos-Velhos sempre darão um resultado positivo e satisfatório.

Formato: 16 x 23 cm – 176 páginas

Outras publicações

EXU E SEUS ASSENTAMENTOS

Evandro Mendonça inspirado pelo Senhor Exu Marabô

Todos nós temos o nosso Exu individual. É ele quem executa as tarefas do nosso Orixá, abrindo e fechando tudo. É uma energia vital que não morre nunca, e ao ser potencializado aqui na Terra com assentamentos (ponto de força), passa a dirigir todos os caminhos de cada um de nós, procurando sempre destrancar e abrir o que estive fechado ou trancado.

Formato: 16 x 23 cm – 176 páginas

POMBA-GIRA E SEUS ASSENTAMENTOS

Evandro Mendonça inspirado pela Senhora Pomba-Gira Maria Padilha

Pomba-Gira é uma energia poderosa e fortíssima. Atua em tudo e em todos, dia e noite. E as suas sete ponteiras colocadas no assentamento com as pontas para cima representam os sete caminhos da mulher. Juntas às outras ferramentas, ervas, sangue, se potencializam tornando os caminhos mais seguros de êxitos. Hoje é uma das entidades mais cultuadas dentro da religião de Umbanda. Vive na Terra, no meio das mulheres. Tanto que os pedidos e as oferendas das mulheres direcionadas à Pomba-Gira têm um retorno muito rápido, na maioria das vezes com sucesso absoluto.

Formato: 16 x 23 cm – 176 páginas

EXU, POMBA-GIRA E SEUS AXÉS

Evandro Mendonça inspirado pelo Sr. Exu Marabô e pela Sra. Pomba-Gira Maria Padilha

A obra apresenta as liberações dos axés de Exus e de Pombas-Giras de modo surpreendente, condensado e extremamente útil. É um trabalho direcionado a qualquer pessoa que se interesse pelo universo apresentado, no entanto, é de extrema importância àquelas pessoas que tenham interesse em evoluir em suas residências, em seus terreiros, nas suas vidas.

E o que são esses axés? "Axé" é força, luz, poder espiritual, (tudo o que está relacionado com a sagrada religião), objetos, pontos cantados e riscados, limpezas espirituais etc. São os poderes ligados às Entidades.

Formato: 16 x 23 cm – 176 páginas

A MAGIA DE SÃO COSME E SÃO DAMIÃO

Evandro Mendonça

Algumas lendas, histórias e relatos contam que São Cosme e São Damião passavam dias e noites dedicados a cura tanto de pessoas como animais sem nada cobrar, por esse motivo foram sincretizados como "santos dos pobres" e também considerados padroeiros dos médicos.

Não esquecendo também seu irmão mais novo chamado Doúm, que junto fez parte de todas as suas trajetórias.

A obra oferece ao leitor algumas preces, simpatias, crenças, banhos e muitas outras curiosidades de São Cosme e São Damião.

Formato: 14 x 21 cm – 136 páginas

Outras publicações

CIGANOS – MAGIAS DO PASSADO DE VOLTA AO PRESENTE

Evandro Mendonça

Na Magia, como em todo preceito espiritual e ritual cigano, para que cada um de nós tenha um bom êxito e consiga o que deseja, é fundamental que tenhamos fé, confiança e convicção. E, naturalmente, confiança nas forças que o executam. Para isso é fundamental que acreditemos nas possibilidades das coisas que queremos executar.

Formato: 16 x 23 cm – 176 páginas

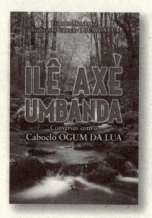

ILÊ AXÉ UMBANDA

Evandro Mendonça ditado pelo Caboclo Ogum da Lua

Filhos de Umbanda e meus irmãos em espíritos, como o tempo e o espaço são curtos, vou tentar resumir um pouco de cada assunto dos vários que eu gostaria muito de falar, independentemente da religião de cada um. Não são palavras bonitas e talves nem bem colocadas na ordem certa desta descrita, mas são palavras verdadeiras, que esse humilde Caboclo, portador de muita luz, gostaria de deixar para todos vocês, que estão nesse plano em busca da perfeição do espírito, refletirem.

Formato: 16 x 23 cm – 136 páginas

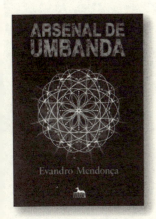

ARSENAL DE UMBANDA
Evandro Mendonça

O livro "Arsenal da Umbanda" e outros livros inspirados pelo médium Evandro Mendonça e seus mentores, visa resgatar a Umbanda no seu princípio básico, que é ligar o homem aos planos superiores. Atos saudáveis como o de acender uma vela ao santo de sua devoção, tomar um banho de descarga, levar um patuá para um Preto--Velho, benzer-se, estão sendo esquecidos nos dias de hoje, pois enquanto uns querem ensinar assuntos complexos, outros só querem saber de festas e notoriedade.

Umbanda é sabedoria, religião, ciência, luz emanada do alto, amor incondicional, crença na Divindade Maior. Umbanda é a própria vida.

Formato: 16 x 23 cm – 208 páginas

ORIXÁS – SEGURANÇAS, DEFESAS E FIRMEZAS
Evandro Mendonça

Caro leitor, esta é mais uma obra que tem apenas o humilde intuito de somar a nossa Religião Africana. Espero com ela poder compartilhar com meus irmãos e simpatizantes africanistas um pouco mais daquilo que vi, aprendi e escutei dos mais antigos Babalorixás, Yalorixás e Babalaôs, principalmente do meu Babalorixá Miguel da Oyá Bomí. São ensinamentos simples, antigos, porém repletos de fundamento e eficácia na Religião Africana; alguns até mesmo já esquecidos e não mais praticados nos terreiros devido ao modernismo dos novos Babalorixás e Yalorixás e suas vontades de mostrar luxúrias, coisas bonitas e fartas para impressionar os olhos alheios.

Formato: 16 x 23 cm – 192 páginas

Distribuição exclusiva

www.aquarolibooks.com.br